Ética del cuidado en ciencias de la salud

Ester Busquets Alibés

Ética del cuidado en ciencias de la salud

A partir de la lectura
de *La muerte de Iván Ilich* de Lev Tolstói

Herder

Diseño de la cubierta: Caroline Moore

© 2019, Ester Busquets Alibés
© 2019, Herder Editorial, S.L., Barcelona

ISBN: 978-84-254-3977-3

Imprenta: Reinbook
Depósito legal: B-22.951-2019

Impreso en España – Printed in Spain

Herder
www.herdereditorial.com

ÍNDICE

A Joan y Rosalia

La vida del mundo y nuestra propia vida
están confiadas al cuidado de alguien.

LEV TOLSTÓI

PRÓLOGO

Uno de los efectos más positivos de la revolución femenina que comenzó el siglo pasado y que se prolonga hasta hoy ha consistido en superar una injusta división del trabajo que adjudicaba funciones distintas y exclusivas a los hombres y a las mujeres. Mientras ellos ocupaban el espacio público y desempeñaban trabajos remunerados y socialmente reconocidos, ellas permanecían en el ámbito doméstico, a cargo de la vida familiar y al cuidado de sus miembros, una dedicación tan «natural», dadas las características biológicas de la mujer, que no merecía reconocimiento alguno. Gracias a las reivindicaciones feministas, a medida que las mujeres han ido accediendo a un mundo que no les pertenecía, los valores se han transmutado. Las relaciones privadas han adquirido una relevancia que nunca tuvieron. Una relevancia pública, de acuerdo con el lema feminista de que «lo privado es político».

Cuidar siempre ha sido una necesidad derivada de la condición vulnerable y limitada del ser humano. Una necesidad de la que ancestralmente se han hecho cargo las mujeres, que ha estado relegada al ámbito de lo doméstico y, por lo mismo, ha sido invisible a los ojos de la sociedad. Por fortuna, desde hace unos años ha dejado de ser así. Cuidar de los demás sigue siendo una necesidad básica que no decrece a pesar de los avances tecnológicos. Una necesidad tan perentoria que no debe apelar solo a la responsabilidad de las mujeres, cuidadoras natas por imposición del destino, sino a la responsabilidad de todos. Como ocurre con el resto de valores éticos, el cuidado debe universalizarse.

De la ética del cuidado trata el estudio que fue para Ester Busquets el tema de su tesis doctoral. Como filósofa y enfermera, profesora de ética para estudiantes de ciencias de la salud, a Busquets no le han faltado motivos ni interés para abordar el sentido que debe tener el cuidado en el tratamiento sanitario. Para hacerlo ha recurrido a un autor poco estudiado por los filósofos (con el permiso de Wittgenstein, que sí vio en él una fuente de inspiración irremplazable): Lev Tolstói. En la obra del escritor ruso se pone de relieve una de sus teorías más conspicuas: que el amor a los demás es lo único que puede aliviarnos de la angustia ante la muerte y que la compasión hacia el vulnerable es el meollo de la vida auténtica. En especial, el relato *La muerte de Iván Illich* ha venido a ser un manual de uso para muchos profesores a la hora de ilustrar la ética del acompañamiento ante la muerte. Ester Busquets convierte este breve e insuperable relato en el paradigma del cuidado. Lo analiza con esmero, exprime hasta la última gota todos los significados extraíbles de sus escasas páginas, que le dan la base para proponer un catálogo de lo que debieran ser las «virtudes del cuidado». En la atención discreta y silenciosa que el criado Gerasim dispensa a su amo moribundo, descubre las diez virtudes que hacen del cuidado uno de los valores éticos más básicos.

Desde que Carol Gilligan situó el cuidado en el punto de mira de la filosofía y la psicología de la moral, el alcance de dicho valor ocupa un lugar cada vez más amplio en la bioética y en sus derivados, como lo es la ética de la asistencia social. Para la enfermería, el cuidado del paciente ha sido siempre el objeto y el fin de su actividad profesional. Hoy el cuidado desborda el ámbito de la enfermería e incluso de las profesiones sanitarias y asistenciales. Si hay necesidad de cuidados es porque somos finitos y dependientes, porque la vulnerabilidad nos constituye. Cuidarnos unos a otros es una exigencia más de nuestra vida en común, porque lo exigen los que se encuentran en situaciones de indefensión y dependencia y porque, nos guste o no, todos somos a la vez dispensadores y receptores de cuidados. Es una obligación que nos concierne como humanos, aunque de distinta manera y en distintas etapas de la vida.

El libro de Ester Busquets tiene una primera motivación académica que cumple con creces, lo que hace de él un excelente texto para la enseñanza de la ética del cuidado. Pero su valor no queda restringido al ámbito de la docencia. La ética no es solo una disciplina académica ni una asignatura que algunas titulaciones incluyen en su plan de estudios. La ética tiene que ver con el vivir bien todos juntos, con el comportamiento correcto en cada caso, con la excelencia profesional. Nada de lo cual es ajeno a la dimensión del cuidado. Aunque Busquets desarrolla su estudio con el fin de que sea útil a los profesionales de la salud, el libro es al mismo tiempo una excelente introducción a la ética del cuidado en sí misma, un análisis completo de las dimensiones del cuidado y de su justificación como imperativo ético. Explica la conexión entre la antropología y la ética del cuidado como respuesta a la esencial precariedad humana, da cuenta de cómo se articula el valor del cuidado en las distintas teorías éticas y, muy en especial, con respecto al valor de la justicia cuya importancia y centralidad para la ética ha eclipsado hasta ahora la importancia del cuidado. El catálogo de virtudes que propone, y que constituye el capítulo más creativo y original del libro, es un excelente motivo para la reflexión sobre las actitudes que cualquier persona debiera desarrollar como antídoto a las tendencias egoístas y autosuficientes que predominan en nuestro mundo. En un terreno más pragmático, es una guía pedagógica que orienta y ayuda en el ejercicio de las profesiones sanitarias y de cualquier actividad destinada a paliar el sufrimiento humano.

VICTORIA CAMPS

INTRODUCCIÓN

El libro que tenéis en las manos trata sobre la ética del cuidado aplicada al ámbito de las ciencias de la salud, y también de Lev Tolstói, el gran patriarca de las letras rusas. Puede sorprender que se postule una relación estrecha entre la ética del cuidado y alguien como Tolstói que en principio no tiene nada que ver con las ciencias de la salud. Sin embargo, creemos que es precisamente en este nexo donde radica la originalidad de este trabajo. El objetivo del libro es poner de relieve el contenido implícito de la ética del cuidado presente en *La muerte de Iván Ilich*, una novela breve publicada a finales del siglo xix.

Del mismo modo que afirmamos que el siglo xxi es, y será, el siglo de las mujeres —porque ya nadie puede detener la revolución que supone el feminismo—, también afirmamos, con igual convicción, que este siglo está llamado a revolucionar la concepción tradicional del cuidado. Si lo más humano del ser humano es el cuidado, en adelante no puede quedar relegado a la vida privada de las mujeres y permanecer invisible a los ojos de la sociedad. El cuidado constituye un fundamento imprescindible tanto en el ámbito de las ciencias de la salud como de la vida en común. Somos seres interdependientes que vivimos en un marco de relaciones mutuas de cuidado. Si no cuidamos y no nos cuidan cuando lo necesitamos, si no nos sentimos responsables frente a la vulnerabilidad ajena, se quebrantan los cimientos de las profesiones de cuidado, y naturalmente también los cimientos de la humanidad. Por ello cabe *desfeminizar* el cuidado, redescubrirlo como un valor universal y situarlo en el centro de la vida pública.

En la elaboración de su pensamiento moral, a pesar de pertenecer a otra época histórica, y sin haber asistido a la revolución actual de los cuidados, Tolstói fue muy sensible a la absoluta necesidad del cuidado. Con su pluma hábil y brillante construyó una gramática del cuidado que es perfectamente aplicable en el contexto de las profesiones vinculadas con las ciencias de la salud, ya que todas ellas son profesiones relacionadas con el cuidado. Para desarrollar el propósito de este libro, que consiste en explicitar el modelo de la ética del cuidado de Tolstói en el marco de las ciencias de la salud, nos parece imprescindible presentar los aspectos teóricos de la ética del cuidado y ofrecer, al mismo tiempo, una aproximación a la vida, la obra y el pensamiento del escritor. De acuerdo con el objetivo establecido, dividimos esa obra en tres partes.

En la primera parte (capitulo 1) analizaremos la conexión entre los elementos antropológicos y éticos del cuidado, porque la vulnerabilidad inherente a la naturaleza humana precisa del cuidado como respuesta ética a esa precariedad. La ética del cuidado es el esfuerzo de fundamentar la respuesta ética ante la fragilidad. Para acercarnos a la teorización de la ética del cuidado describiremos sus orígenes en relación con la ética de la justicia, a fin de constatar las diferencias, y al mismo tiempo la complementariedad, entre el modelo basado en los derechos y el modelo basado en la responsabilidad. A pesar de las dificultades en la fundamentación de la ética del cuidado intentaremos apoyarnos en la articulación entre la ética feminista, la ética de las virtudes y la ética principialista, pues consideramos que la complementariedad entre teorías da solidez a su fundamento. En esta parte también se presentan algunos de los modelos más relevantes de la ética del cuidado.

El hecho de vincular la ética del cuidado con la ética de la virtud nos permitirá acercarnos a la ética narrativa, un nuevo enfoque pedagógico que pretende mejorar, a través de los relatos —la narración— la interpretación, la comprensión y el acompañamiento en las relaciones de cuidado. En este sentido *La muerte de Iván Ilich* es una obra muy apropiada en el contexto de la ética narrativa. Sin embargo, consideramos que no se puede comprender la ética del cuidado implícita en la obra de Tolstói sin conocer, aunque sea someramente, la vida, la obra y el pensamiento del autor.

En la segunda parte (capítulos 2 y 3) queremos mostrar la profunda y rica interdependencia entre la vida, la obra y el pensamiento del escritor de Yásnaia Poliana. En el capítulo 2 veremos que el concepto que Tolstói tiene de la muerte y sus experiencias con esta cruda realidad se manifiestan en sus novelas y son el núcleo a partir del cual elabora su pensamiento. La filosofía moral de Tolstói, que nace de su miedo a la muerte, une la felicidad propia con la felicidad de los demás. Para el moralista ruso quien vive por sí mismo no podrá llegar nunca a la felicidad y no vivirá. En cambio, quien ama y busca la felicidad de los demás será feliz y vivirá realmente, porque esta es la razón de la vida. El escritor ruso encuentra en el amor el sentido de la vida, es decir, una solución a la angustia vital producida por la experiencia humana de la finitud. En *La muerte de Iván Ilich* podemos encontrar condensadas todas las ideas de su filosofía moral; por ello, en el capítulo 3, después de presentar un esbozo argumental del relato, se hace un análisis filosófico que contiene las bases de una ética del cuidado aplicable a las profesiones del ámbito de las ciencias de la salud.

En la tercera parte (capítulos 4, 5 y 6) se elabora en primer lugar el marco teórico en relación con la ética del cuidado de Tolstói. Su filosofía del amor a los demás —que él considera que es la única vida auténtica— deviene una ética de la compasión hacia el vulnerable. Fiel a su filosofía del amor compasivo, el autor ruso ofrece en *La muerte de Iván Ilich* un excelente paradigma de lo que constituye una ética del cuidado en la sugerente descripción de la relación entre el cuidador llamado Gerasim y el enfermo Iván Ilich. Tolstói no solo nos dice que hay que acoger al vulnerable y cuidarlo, responder a sus necesidades, también ejemplifica cómo se debe cuidar del otro. La propuesta, o el modelo, lo descubrimos en un fragmento muy bello del capítulo VII de la novela. El escritor, mientras narra cómo Gerasim atiende a Iván Ilich, nos presenta las virtudes necesarias para llegar a una forma de cuidado excelente.

En el capítulo 5 se describen las diez virtudes que constituyen el modelo de la ética del cuidado de Tolstói. Al final de la descripción de cada virtud hay un breve apéndice que permite ver cómo se pueden aplicar dichas virtudes en el contexto de las ciencias de la salud, con la finalidad de hacer posible una auténtica transformación de la realidad, nuestra realidad. En el último capítulo se ofrece la posibilidad de continuar la reflexión sobre las virtudes del cuidado a través de la narración de algunos casos clínicos. El objetivo de este compendio de diez casos, que se corresponde con las diez virtudes del modelo, es ayudar a los profesionales del ámbito de las ciencias de la salud a interpretar y comprender mejor los diferentes aspectos de las relaciones interpersonales, para analizar qué actitudes se deben consolidar y cuáles se pueden mejorar en el desarrollo del cuidado.

Cabe decir que a pesar del nexo argumental que une las tres partes del libro, el lector puede leer cada una de modo independiente. Y sin que importe cuál lea, cada una pretende que quien se acerque a ellas jamás deje de preguntarse cómo debemos relacionarnos con los demás, porque somos lo que somos gracias a que otros nos han cuidado y nos cuidan; somos responsables de devolver el cuidado recibido a nuestro alrededor. En esa responsabilidad los profesionales del ámbito de las ciencias de la salud adquieren un protagonismo social muy importante: la sociedad confía en que, pase lo que pase en la vida de quienes la integran, los profesionales de la salud estarán allí para cuidarlos.

Quisiera dar las gracias a todas las personas que han contribuido a que este trabajo viera la luz: a Victoria Camps, por su amabilidad en la redacción del prólogo. A Begoña Román, Joan Mir y Montse Busquets, por la revisión del manuscrito y por permitirme aprender siempre a su lado. A las enfermeras de la Comisión Deontológica del Colegio de Enfermeros y Enfermeras de Barcelona, por sus valiosas reflexiones en torno a la ética del cuidado. A Francesc Torralba, por haber confiado desde el principio en este libro y a su inmensa paciencia esperando la llegada del manuscrito. Y un agradecimiento a los que siempre cuidan de mí, especialmente a Ester, Ramon y Maria, a pesar de que el libro nos haya robado muchas horas de vida compartida.

LA ÉTICA DEL CUIDADO
MARCO TEÓRICO

Después de los constructores y los revolucionarios,
son los cuidadores quienes parecen estar llamados
a gobernar una nueva época histórica.

DANIEL INNERARITY

Lo más humano del ser humano es el cuidado, y no en balde podemos afirmar que el cuidado humaniza el mundo, lo sostiene y nos sostiene. Nuestra vida, desde el inicio hasta el final, discurre en una red de relaciones de cuidado. A pesar de su valor fundamental el cuidado se ha relegado tradicionalmente a la vida privada de las mujeres, y no se le ha dado suficiente importancia desde el punto de vista social. Pocos imaginaron que las investigaciones sobre el desarrollo moral de las mujeres llevadas a cabo por Carol Gilligan, a finales del siglo xx, colocarían el cuidado en un lugar destacado de la reflexión ético-filosófica y que se convertirían en un referente para la elaboración de la ética del cuidado. Una ética llamada tanto a permanecer en la vida privada como a gobernar la vida pública.

Para contextualizar la ética del cuidado, en este capítulo analizaremos la conexión entre los elementos antropológicos y éticos del cuidado, porque la vulnerabilidad inherente a la naturaleza humana precisa del cuidado solícito como respuesta ética a esa precariedad de lo humano. La ética del cuidado es el esfuerzo de fundamentar la respuesta ética ante la fragilidad. Para acercarnos a la teorización de la ética del cuidado describiremos sus orígenes en relación con la ética de la justicia a fin de constatar las diferencias, y al mismo tiempo la complementariedad, entre el modelo basado en los derechos y el modelo basado en la responsabilidad. Pese a que la ética del cuidado no cuenta con un marco teórico consensuado intentaremos abordar las cuestiones relativas a su fundamentación a partir de la articulación entre la ética feminista, la ética de las virtudes y la ética principialista, porque, desde nuestro punto de vista, no se trata de separar la ética del cuidado de toda teoría ética existente, sino de ver cómo las aportaciones de dichas teorías pueden enriquecerla y fundamentarla.

También presentamos algunos de los modelos más relevantes de la ética del cuidado. La pluralidad de modelos descritos muestra que no hay un modelo único y compartido, al estilo del principialismo; la diversidad de propuestas no es excluyente sino complementaria. El hecho de vincular la ética del cuidado con la ética de la virtud hará que reflexionemos sobre la importancia de la educación moral de las virtudes y cómo la ética narrativa puede contribuir, como método pedagógico, a la adquisición de virtudes que mejoren las relaciones de cuidado.

El cuidado como elemento antropológico y ético

En *La fragilidad del bien* Martha Nussbaum sostiene que la peculiar belleza de la excelencia humana reside justamente en su vulnerabilidad: somos seres heridos y finitos; esta es una característica inherente a la condición humana, de la cual nadie puede escapar.[1] La concepción antropológica de Nussbaum sobre la fragilidad se inscribe en una larga tradición de la filosofía. Jean-Jacques Rousseau, por ejemplo, en un texto muy conocido, recuerda que el ser humano es estructuralmente vulnerable:

> Los hombres no son por naturaleza ni reyes, ni grandes, ni cortesanos, ni ricos. Todos han nacido desnudos y pobres, todos sometidos a las miserias de la vida, a los pesares, a los males, a las necesidades, a los dolores de toda especie; finalmente, todos están condenados a la muerte.[2]

Emmanuel Lévinas, en su ética de la alteridad, reconoce también la radical precariedad del ser humano: «El yo, de pie a cabeza, hasta la médula de los huesos, es vulnerabilidad».[3]

La mirada de Nussbaum sobre la fragilidad humana es compleja, y parte de una concepción delicada, amplia y profunda de la vulnerabilidad. Sin embargo, su perspectiva no es precisamente la más habitual ni la más aceptada en las sociedades contemporáneas, que ofrecen una mirada más estrecha y unidimensional de la fragilidad. En ese tipo de sociedades, que a menudo ya no encajan con la visión metafísica del mundo, la fragilidad humana se percibe y se vive, en general, con cierto rechazo. Eso explica por qué hay una clara tendencia a intentar evitar o superar la realidad que nos supera e incomoda.

Una mirada retrospectiva nos permite acercarnos a uno de los relatos más conocidos de la mitología griega: el mito del talón de Aquiles. Se dice que cuando Aquiles nació, Tetis, una ninfa del mar, intentó hacerlo inmortal sumergiéndolo en las aguas del río Estigia. Para sumergirlo su madre lo sujetó por el talón

---

1 M. Nussbaum, *La fragilidad del bien*, Madrid, Visor, 1995, p. 29.
2 J.-J. Rousseau, *Emilio o de la educación*, 3.ª ed., Madrid, Alianza, 2011, p. 349.
3 E. Lévinas, *Humanismo del otro hombre*, México, Siglo XXI, 2001, p. 123.

derecho para que no se lo llevara la corriente, y así todo el cuerpo quedó invulnerable, excepto el talón, que no había entrado en contacto con el agua. Y es precisamente en esa zona del cuerpo donde el héroe de la guerra de Troya recibirá la herida mortal, con una flecha envenenada. Durante muchos siglos el talón de Aquiles ha sido la metáfora insignia para expresar y recordar la vulnerabilidad humana, un relato para explicar lo inexplicable de la condición humana.

El deseo de inmortalidad e invulnerabilidad plasmado en la cultura griega —y que no triunfó con Aquiles— persiste en las sociedades contemporáneas, en un nuevo relato que subraya el poder de la ciencia y de la tecnología. El movimiento científico-filosófico llamado transhumanismo se centra en investigar y generar esperanzas en torno a la inmortalidad y la invulnerabilidad humana. Según Carlos García, «es el movimiento cultural que defiende que el desarrollo tecnológico debe encaminarse hacia la superación de los condicionamientos biológicos del ser humano». Y añade: «Estar atados a un sustrato biológico es malo, nos hace sufrir. Si el carácter humano pudiera darse en otro tipo de soportes que no fueran biológicos, habría una serie de limitaciones que no tendríamos y seríamos más felices».[4] El deseo humano de invulnerabilidad e inmortalidad, canalizado actualmente por el movimiento emergente del transhumanismo, implica preguntas de mucho calado filosófico, porque con el uso ilimitado de las nuevas biotecnologías está en juego la esencia de la naturaleza humana. Si escapamos de nuestra propia vulnerabilidad, de nuestra mortalidad, dejaremos de ser humanos para convertirnos en seres poshumanos, seres sin límites.

Ante las seductoras promesas del transhumanismo es recomendable mantener prudencia, como lo vemos tan bien reflejado

---

4   X. Ayén, «Vamos a ser inmortales», *La Vanguardia*, domingo 9 de agosto de 2015, pp. 38-40.

---

en un documento elaborado por un grupo de investigadores del Hastings Center, un prestigioso centro de bioética con sede en Nueva York, titulado *Los fines de la medicina*, el cual alerta que a pesar del optimismo de la cultura tecnológica, la condición humana es vulnerable y no se puede emancipar de la enfermedad, del dolor, del sufrimiento y de la muerte. Por ello cuando esos sabios reflexionan sobre el futuro de la medicina son muy conscientes de sus límites ante la evidencia de la fragilidad humana:

A pesar de todo el poder de la investigación y los avances médicos, los seres humanos continuarán enfermando y muriendo; la conquista de una enfermedad abrirá el camino para que otras enfermedades se expresen con mayor ímpetu; la muerte se podrá posponer y evitar, pero nunca conquistar; el dolor y el sufrimiento seguirán siendo parte de la condición humana. Estas son verdades duras, aunque nada triviales, que se olvidan fácilmente con el entusiasmo que provocan los nuevos conocimientos y las tecnologías innovadoras.[5]

La vulnerabilidad del ser humano es un hecho universal del cual nadie puede deshacerse, porque la fragilidad está arraigada en la naturaleza humana. Si nos fijamos en la etimología del término «vulnerabilidad» observamos que en latín *vulnus* significa «herida». De ahí que se pueda decir que el ser humano es susceptible de ser herido en cualquier momento. En *Antropología del cuidar*, Francesc Torralba expone cómo la posibilidad de la herida afecta diversas dimensiones:

Todo en el ser humano es vulnerable, no solo su naturaleza de orden somático, sino todas y cada una de sus dimensiones fundamentales. Es vulnerable físicamente, porque está sujeto a la enfermedad, al

5   Fundació Víctor Grífols i Lucas, *Los fines de la medicina - Els fins de la medicina*, 2.ª ed., Barcelona, Fundació Víctor Grífols i Lucas, 2007, p. 70.

dolor y a la decrepitud, y precisamente por ello necesita cuidarse; es vulnerable psicológicamente porque su mente es frágil y necesita cuidado y atención; es vulnerable desde el punto de vista social, pues como agente social que es, es susceptible de tensiones y de heridas sociales; además, es vulnerable espiritualmente, es decir, su interioridad puede fácilmente ser objeto de instrumentalizaciones sectarias. Su estructura pluridimensional, su mundo relacional, su vida, su obrar, sus acciones, su pensamiento, sus sentimientos e, inclusive, sus fantasías son vulnerables.[6]

En esa misma línea Charles Taylor y Axel Honnet consideran que la vulnerabilidad afecta tanto a lo personal e intersubjetivo como a la dimensión social. La fragilidad individual o colectiva puede estar condicionada por el género, la etnia, la educación, la cultura, el estado de salud, la economía. Todas estas condiciones nos hacen más o menos vulnerables, y ser humano es luchar —a veces solo y a veces acompañado— contra esta fragilidad natural, no para anularla, sino para que no se amplíe más allá de lo que es razonable, con la ayuda de los conocimientos y poderes de los cuales disponemos en cada momento. Es cierto que «el ser humano, en algunos aspectos, es mucho más vulnerable que otros seres vivos, pero en otros aspectos es más hábil para protegerse de la vulnerabilidad de su ser».[7] El hecho de que el ser humano tenga conciencia de su fragilidad, esto es, que pueda pensarla, es una ventaja para intentar buscar soluciones a aquellas situaciones relacionadas con la propia vulnerabilidad.

También es cierto que el ser humano se puede convertir en un ser vulnerador, porque tiene la capacidad de herirse a sí mismo, a sus congéneres y a su entorno. La reflexión acerca del ani-

---

6   F. Torralba, *Antropología del cuidar*, Madrid, Fundación Mapfre Medicina; Barcelona, Institut Borja de Bioètica, 1998, p. 243.
7   *Ibid.*, p. 243.

---

mal vulnerador permite hacer una distinción interesante entre un tipo de vulnerabilidad *inevitable*, connatural al ser, de la cual no podemos escapar, y otra *evitable*, porque es fruto de una acción humana, ya sea provocada con intención o sin ella. La vulnerabilidad humana, sea cual sea su clase, nos convierte en seres dependientes de otras personas. Alasdair MacIntyre considera que el pensamiento occidental no ha prestado suficiente atención a la relación entre la vulnerabilidad y la dependencia del ser humano, porque ha habido una tendencia a contemplar a la persona como un sujeto racional y saludable, y se ha pensado en los «vulnerables» como «ellos» en lugar de como «nosotros». MacIntyre considera que esta relación entre vulnerabilidad y dependencia es imprescindible para dar una explicación convincente sobre la condición humana:

> Lo más frecuente es que todo individuo dependa de los demás para su supervivencia, no digamos ya para su florecimiento, cuando se enfrenta a una enfermedad o lesión corporal, una alimentación defectuosa, deficiencias y perturbaciones mentales y la agresión o negligencia humanas. Esta dependencia de otros individuos a fin de obtener protección y sustento resulta muy evidente durante la infancia y la senectud, pero entre estas primera y última etapas en la vida del ser humano suele haber períodos más o menos largos en que se padece alguna lesión, enfermedad o discapacidad, y hay algunos casos en que se está discapacitado de por vida.[8]

MacIntyre subraya la condición dependiente de todo individuo, ya sea para su subsistencia o desarrollo. Según su teoría los demás son importantes no solo para vivir (o sobrevivir) sino para vivir mejor. Sin embargo, el autor hace especial hincapié en la impor-

8 A. MacIntyre, *Animales racionales y dependientes. Por qué los humanos necesitan las virtudes*, Barcelona, Paidós, 2001, p. 15.

tancia moral del reconocimiento de la vulnerabilidad y la dependencia. En este sentido, MacIntyre considera que la filosofía feminista ha ayudado a comprender mejor la estrecha relación entre la vulnerabilidad y la aflicción y la dependencia, así como la interacción de estos rasgos fundamentales de la condición humana con nuestras relaciones reciprocas. En *Vida precaria*,[9] Judith Butler también expone que el hecho de ser vulnerables lleva al reconocimiento de que la autosuficiencia y la soberanía no son propias de la vida humana porque nadie tiene —ni puede pretender tener— el control absoluto sobre su vida. Esa precariedad de *lo humano* nos convierte en seres dependientes.

La respuesta ética ante la fragilidad es el cuidado de lo vulnerable. La vulnerabilidad en sentido antropológico tiene un carácter descriptivo, en cambio tiene un carácter prescriptivo en sentido ético: no solo debemos contemplar la vulnerabilidad, también debemos responder a la fragilidad ajena. El sustrato antropológico caracterizado por la fragilidad es la base de la ética. Peter Kemp y Jacob Dahl Rendtorff piensan que la noción de vulnerabilidad es en sí misma un concepto ético porque conlleva, más allá de la descripción de un hecho, la prescripción de un tipo de ética de la vulnerabilidad que ofrezca una respuesta comprometida con la protección de la vida vulnerable, ya sea humana, animal o natural en general.[10] Joan-Carles Mèlich señala que esa respuesta ética a la condición vulnerable no puede ser entendida

> desde el punto de vista de la incondicionalidad de los imperativos categóricos, sino desde la *responsividad*, es decir, desde el perdón, desde la

9 J. Butler, *Vida precaria. El poder del duelo y de la violencia*, Buenos Aires, Paidós, 2006.
10 P. Kemp, J.D. Rendtorff, «Principe de vulnérabilité», en G. Hottois, J.-N. Missa, *Nouvelle encyclopédie de bioéthique*, Bruselas, De Boeck, 2001, pp. 869-876.

caricia, desde la compasión y desde el consuelo. […] A diferencia de lo que escribió Kant, la pregunta ética ya no es «¿qué debo hacer?» sino «¿cómo puedo responder adecuadamente a la interpelación del otro?».[11]

Responder éticamente, *responsivamente*, es una manera de relacionarse con los demás que pone de relieve la importancia del cuidado. En la misma dirección Joan Tronto y Marian Barnes consideran que somos responsables del cuidado de los otros en la medida en que somos seres interdependientes,[12] que vivimos relaciones mutuas de cuidado y no podemos vivir al margen de los demás si queremos que nuestra vida tenga sentido y calidad. «El cuidado no es un añadido, no es un elemento opcional, sino que es un elemento de "primer orden" sobre el que se fundamentan los acuerdos sociales».[13] Y al mismo tiempo subrayan que «el cuidado no es solo una necesidad de los débiles, los jóvenes y los mayores. Todos los seres humanos necesitamos cuidados, cada día».[14]

Aunque la responsabilidad frente al vulnerable, al débil, puede fundamentarse a partir de distintas perspectivas filosóficas, todas las propuestas, a pesar de sus divergencias, defienden el cuidado atento y respetuoso hacia el otro vulnerable. La ética de la vulnerabilidad ha sido muy bien desarrollada, por ejemplo,

11   J.-C. Mèlich, *La condició vulnerable. Assaig sobre filosofia literària*, Barcelona, Arcàdia, 2018, p. 16.

12   David Gauthier considera que los humanos somos «centros independientes de actividad», y que el cuidado va destinado únicamente a las personas con necesidades especiales. D. Gauthier, *Moral by Agreement*, Oxford, Oxford University Press, 1986.

13   M. Barnes, «Alianzas integrales para el cuidado», en AA.VV., *Nuevas políticas del cuidar*, Barcelona, Edicions Col·legi Oficial Infermeres i Infermers Barcelona, 2018, p. 54.

14   J. Tronto, «La democracia del cuidado como antídoto frente al neoliberalismo», en AA.VV., *El futuro del cuidado*, Barcelona, Ediciones San Juan de Dios, 2017, p. 30.

por Hans Jonas y su principio de responsabilidad: «La responsabilidad moral, tal como expone Jonas, se funda en la fragilidad y vulnerabilidad, y se activa por el temor de lo que vaya a suceder si no nos ocupamos del desvalido, lo cual impele a cuidar de lo vulnerable».[15] También Lévinas, desde su ética de la alteridad, considera que el rostro del otro, frágil y vulnerable, me convierte en sujeto moral, obligado a prestar ayuda. Según él, la responsabilidad no proviene de la iniciativa o voluntad del sujeto, sino que es la presencia del otro la que inviste al sujeto de responsabilidad, más allá de la reciprocidad. MacIntyre, como hemos visto, también sugiere repensar la ética desde la consideración de los conceptos de vulnerabilidad y dependencia, «de ahí que la virtud que necesitamos para atendernos y cuidarnos sea la "justa generosidad" [...] la cual requiere "actuar desde la consideración atenta y afectuosa hacia el otro"».[16]

El cuidado ante la fragilidad humana, que tradicionalmente se ha asumido con naturalidad en todas las culturas, en las últimas décadas se ha colocado en un lugar destacado de la reflexión ético-filosófica. Este interés por el cuidado ha dado lugar a lo que denominamos la ética del cuidado, la cual ha encontrado un terreno fértil en el ámbito clínico, y muy especialmente en el desarrollo de la profesión enfermera. Sin embargo, debemos insistir en que la práctica del cuidado no es una característica inherente y exclusiva de la profesión enfermera, sino que afecta e incluye ineludiblemente a todas las profesiones relacionadas con las ciencias de la salud, porque el fenómeno del cuidado es inherente al conjunto de estas profesiones, y a cualquier actividad que pretenda mejorar la vida de las personas.

15   J. Conill, A. Cortina, «La fragilidad y la vulnerabilidad como partes constitutivas del ser humano», en J.P. Beca, C. Astete (eds.), *Bioética clínica*, Santiago de Chile, Mediterráneo, 2012, p. 121.
16   *Ibid.*, p. 123.

La ética del cuidado:
orígenes, fundamentación y modelos

El origen de la ética del cuidado: el debate
con la ética de la justicia

En el contexto de la filosofía occidental es cierto que se ha teorizado ampliamente sobre la vulnerabilidad humana, pero mucho menos sobre la importancia del cuidado; tradicionalmente, este último ha quedado relegado a la vida privada de las mujeres.[17] La reflexión sobre el cuidado recobra notoriedad con la psicóloga y filósofa estadounidense Carol Gilligan. Es ella quien desencadena la reflexión sobre la ética del cuidado con la publicación en 1982 de *In a different voice [Una voz diferente]*.[18] A pesar del valor y la originalidad que adquiere la propuesta de Gilligan en relación con la ética del cuidado, cabe señalar que sus planteamientos no son totalmente nuevos en la historia de la ética.

La investigación de Gilligan se comprende en diálogo con los estudios sobre el desarrollo moral de los individuos de Lawrence Kohlberg,[19] quien en la década de 1960 había llegado a la conclusión —en la línea de Mead y Piaget— de que existe una secuencia de estadios en el desarrollo moral que es universal e igual para todos los individuos porque no está influido por factores culturales. La tesis central de Kohlberg es que hay seis estadios de desarrollo moral que, en esencia, se fundamentan en el desarrollo intelectual. En cada uno de ellos el individuo responde de modo diferente ante el juicio moral. Los estadios inferiores significan un menor grado de desarrollo moral, y mediante un proceso de

---

17 V. Camps, *El siglo de las mujeres*, 7.ª ed., Madrid, Cátedra, 2018, pp. 75-76.
18 C. Gilligan, *In a different voice. Psychological theory and women's development*, 35.ª ed., Cambridge/ Londres, Harvard University Press, 1998.
19 L. Kohlberg, *Essays on Moral Development. Vol. 1: The Philosophy of Moral Development*, San Francisco, Harper & Row, 1981.

maduración el individuo evoluciona hacia un mayor grado de desarrollo moral.

Esquemáticamente, los estadios se agrupan por pares que corresponden a tres niveles de conciencia social. El primer nivel llamado *preconvencional* contiene dos etapas de desarrollo. En el estadio 1 el individuo obedece para evitar el castigo, ya que los intereses de los demás son irrelevantes; en el estadio 2 se obedecen las reglas para favorecer el propio interés. En el segundo nivel, el *convencional*, encontramos el estadio 3, en el cual se da una orientación hacia las relaciones interpersonales, puesto que los intereses del grupo adquieren importancia; en el estadio 4 hay una orientación a la ley, con la conciencia de mantener el orden social. En el tercer nivel de desarrollo, denominado *posconvencional*, se llega al estadio 5, en el cual la obediencia a las normas se hace con base en el contrato social; en el estadio 6 el individuo comprende que existen principios éticos universales que todo el mundo debe seguir y libremente se adhiere a ellos.

Gilligan cuestiona la concepción tradicional sobre el desarrollo moral y pone en entredicho la teoría psicológica de Kohlberg que defendía, precisamente, que el individuo plenamente moral es aquel que actúa según los principios universales y es capaz de analizar las situaciones morales de manera imparcial. Para elaborar su teoría del desarrollo moral Kohlberg había basado sus estudios solo en niños (hombres), sin tener en cuenta a las niñas (mujeres); al mismo tiempo, había partido de la concepción kantiana de moralidad y de quienes la continuaron, como John Rawls, sin tener en cuenta otros enfoques de la moral.

Gilligan observa que en los estadios de desarrollo de Kohlberg las mujeres tienen un nivel inferior de maduración moral en comparación con los hombres, y decide —desde la perspectiva de género— investigar la razón de esta diferencia. De sus investigaciones se desprende que en los juicios morales hay diferencias entre hombres y mujeres, de ahí el título de su obra: la voz diferente es la de las mujeres. La autora llega a esta conclusión después de realizar un estudio en el cual entrevistó personas de ambos sexos para analizar las diferencias en la elaboración de los juicios morales ante los mismos casos de conflicto moral. En su investigación, utilizó dilemas morales reales y no hipotéticos, como había hecho Kohlberg.

La difusión de los resultados de la investigación de Gilligan sobre el desarrollo moral produjo como resultado una gran discusión entre dos modelos aparentemente contrapuestos: el modelo de la *ética de la justicia* y los derechos, más propia de los hombres, y el de la *ética del cuidado y la responsabilidad,* más cercana a las mujeres:

> La ética de la justicia que orienta el razonamiento moral masculino busca aplicar principios morales abstractos en el respeto a los derechos formales de los demás. Valora la imparcialidad, el mirar al otro como otro genérico, sin tener en cuenta los detalles de la situación o los involucrados, para no dejarse influir por la simpatía o el sentimiento. La adopción de este punto de vista imparcial hace suponer que todas las personas racionales coincidirán en la solución de un problema moral.
>
> Las mujeres, orientadas en cambio por una ética del cuidado, tienen juicios morales más contextuales e inmersos en los detalles de las situaciones y los involucrados, y tienen tendencia a adoptar el punto de vista del «otro concreto» —sus necesidades, más allá de sus derechos formales—. Sus juicios involucran los sentimientos y una concepción global y no solo normativa de la moral.[20]

Así pues, el concepto central de la ética del cuidado es la responsabilidad y no los derechos. Según Gilligan, lejos de hacer juicios

---

20 A. Fascioli, «Ética del cuidado y ética de la justicia en la teoría moral de Carol Gilligan», *Actio*, 12, 2010, p. 44.

generales abstractos las mujeres actúan moralmente por la responsabilidad que genera la conciencia de formar parte de una red de relaciones de interdependencia, porque la esencia de su identidad, a diferencia de los hombres, es relacional. La ética del cuidado sostiene que lo importante en esa interdependencia mutua de relaciones es atender las necesidades de las personas, especialmente de las más vulnerables. Y en esa respuesta moral hay, por lo general, un peso importante de las emociones.

Las ideas de la ética del cuidado desarrolladas por Gilligan, las cuales hacen hincapié en la responsabilidad, los sentimientos, la solidaridad, la particularidad-individualidad o la diferencia, fueron muy bien acogidas, y hasta cierto punto tergiversadas, por el feminismo. La ética feminista, que no equivale a la ética femenina, se desarrolla paralela a la ética del cuidado durante la década de 1970. Inicialmente, este enfoque feminista provocó un enfrentamiento irreconciliable entre el modelo de la ética de la justicia y el de la ética del cuidado:

> Si los hombres han estado durante siglos imponiendo su sistema de normas universales y de derechos basados en la igualdad, las mujeres, que ahora empiezan a hacer oír su voz, defenderán una aproximación alternativa basada en normas particulares, en donde no existe la igualdad sino la diferencia, donde no importa la imparcialidad sino la atención en la especificidad. A ello añaden, en muchos casos, que la diferente captación de la ética viene propiciada por el género, de modo que, a pesar de algunas excepciones de entendimiento, lo habitual es que estos dos modelos estén condenados a no entenderse. Por eso se configura la reivindicación feminista de introducción de «su» visión, en un mundo que ha estado dominado por varones. Se trata de sumar otra perspectiva que ha estado ausente en la construcción masculina de la sociedad.[21]

21 L. Feito, «Bioética feminista y del cuidado», en J.J. Ferrer, J.A. Lecaros,

La visión contrapuesta entre los dos modelos, defendida sobre todo por la ética feminista, no refleja propiamente el posicionamiento feminista de Gilligan, porque ella en ningún momento afirma que los dos modelos sean incompatibles entre sí. Su propuesta de la ética del cuidado no pretende ser un sustitutivo de la ética de la justicia. A pesar de que el desarrollo moral sea diferente entre hombres y mujeres, ella opta por un modelo en el cual se articulan los aspectos de la justicia (derechos) con los del cuidado (responsabilidad). Gilligan no pretende una jerarquización de las dos perspectivas, sino más bien una integración, y así se defiende de las críticas que se han hecho a su propuesta:

> Mis críticos identifican el cuidado con sentimientos, a los que oponen al pensamiento, e imaginan el cuidado como un valor pasivo o confinado a alguna esfera separada. Yo describo el cuidado y la justicia como dos perspectivas morales que organizan tanto el pensamiento como los sentimientos y empoderan al sujeto a tomar diferentes tipos de acciones tanto en la vida pública como privada.[22]

Y, posteriormente, Gilligan anula de nuevo el enfrentamiento entre hombres y mujeres, pero matiza sobre la mayor inclinación de las mujeres al cuidado de los demás:

> El cuidado y la asistencia no son asuntos de mujeres, son intereses humanos [...]. Es absurdo sostener que los hombres no se interesan en los demás y que las mujeres no tienen sentido de la justicia. [...] Sin embargo, las mujeres están mejor preparadas para resistirse a la

R. Molins (coords.), *Bioética: el pluralismo de la fundamentación*, Comillas, Universidad Pontificia de Comillas, 2016, p. 371.

22   C. Gilligan, «Reply to critics», en M.J. Larrabee (ed.), *An Ethic of Care. Feminist and Interdisciplinary Perspectives*, Londres/Nueva York, Routledge, 1993, p. 209.

separación entre la noción de sí mismas y la experiencia de las relaciones, y para integrar el sentimiento en el pensamiento.[23]

A pesar de las diferencias en los patrones de desarrollo moral, estas no justifican la superioridad de uno u otro modelo, sino que la madurez moral se produce cuando la persona, hombre o mujer, consigue articular el modelo de la justicia (derechos) y el modelo del cuidar (responsabilidad). En este sentido, es erróneo enfrentar dos modelos que son complementarios, y desde la perspectiva feminista se ha tomado nota de este error. Tanto es así que se ha suavizado la dicotomía entre justicia y cuidado, y se ha planteado una relación más armónica entre ambas. El debate acerca de la ética de la justicia y la ética del cuidado abre la puerta a la reflexión sobre la fundamentación de la ética del cuidado.

La ética del cuidado: cuestiones sobre su fundamentación

El desarrollo de la ética del cuidado iniciado por Gilligan no cuenta hoy con un marco teórico sólido y consensuado; todas las bases teóricas de las que disponemos se nutren fundamentalmente de las ideas feministas introducidas por la psicóloga estadounidense. Ideas que se basan en la responsabilidad como elemento característico de las relaciones humanas, y todos los conceptos relacionados con ella: el contexto, la individualidad-particularidad, las emociones.

La carencia conceptual ha hecho que se acuse a la teoría moral de la ética del cuidado de somera y ambigua. Chris Gastmans,

---

23   C. Gilligan, *La ética del cuidado*, Barcelona, Fundació Víctor Grífols i Lucas, 2013, pp. 54-55.

un estudioso del tema, nos recuerda que «existe un claro desconcierto acerca de lo que es el cuidado y qué aportaciones ha de realizar una ética del cuidado al mundo de la teoría moral en general y de la ética de la asistencia sanitaria en particular».[24] Gastmans considera que todavía queda un largo recorrido para dotar a la ética del cuidado de unas bases teóricas sólidas. En este mismo sentido, los principialistas Tom L. Beauchamp y James F. Childress también sostienen que esta nueva teoría está poco desarrollada, que «no es completa ni exhaustiva y carece de poder explicativo y justificativo». Los autores atribuyen estas dificultades al hecho de que la ética del cuidado no se ha basado en las teorías éticas tradicionales. Se refieren, naturalmente, al rechazo que han experimentado la ética de las virtudes o el comunitarismo. Aun así, reconocen que, aunque sea una teoría poco desarrollada, es importante que la ética del cuidado evolucione con el fin de no menospreciar cuestiones importantes en la vida moral como son la compasión, las emociones morales y las experiencias de las mujeres.[25]

Las enfermeras Anne J. Davis, Verena Tschudin y Louise de Raeve, que diferencian claramente la ética del cuidado de la ética de la virtud y de la ética feminista, aportan una reflexión interesante sobre la importancia de las críticas a las diferentes teorías éticas, y cómo la ética del cuidado debe aprovechar las objeciones para mejorar y fortalecer sus bases teóricas:

Como la ética de la virtud y la ética basada en los principios se formularon hace siglos (en el caso de la primera) y décadas (en el de la segunda), ya ha pasado el tiempo suficiente como para acumular

24   C. Gastmans, «La perspectiva del cuidado en la ética de la asistencia sanitaria», en A.J. Davis, V. Tschudin, L. de Raeve (eds.), *Ética de la enfermería. Conceptos fundamentales de su enseñanza*, Madrid, Triacastela, 2009, p. 189.
25   T.L. Beauchamp, J.F. Childress, *Principios de ética biomédica*, Madrid, Masson, 1999, pp. 84-86.

abundantes críticas y las contraargumentaciones correspondientes. El genuino diálogo mantenido ha servido para pulir mejor las teorías y poner a la vez al descubierto sus debilidades. Las otras dos teorías —la ética del cuidado y la ética feminista— son bastante nuevas, y aunque también han recibido críticas, el lapso transcurrido para la argumentación y la contraargumentación ha sido escaso. Por lo tanto, podría decirse que a pesar de que las teorías atraviesan por una permanente evolución, las más recientes aún no se han beneficiado de un debate abierto. Si se coincide con esta valoración, podemos decir que las teorías tradicionales son vulnerables debido a que tienen su historia, mientras que las más recientes lo son porque no la tienen.[26]

El hecho de que la conceptualización de la ética del cuidado haya nacido del feminismo hace que se considere mayoritariamente como una ética feminista. En esta línea se sitúa la propia Gilligan cuando subraya que «la ética del cuidado no es una ética femenina, sino feminista, y el feminismo guiado por una ética del cuidado podría considerarse el movimiento de liberación más radical de la historia de la humanidad».[27] Joan Tronto, una de las representantes más destacadas de la ética del cuidado, también une la ética del cuidado con la ética feminista. Sin embargo, como acabamos de ver, las enfermeras Davis, Tschudin y de Raeve dan una entidad propia a la ética del cuidado como teoría moral y la alejan de la ética feminista, de la ética de la virtud y, naturalmente, de la ética principialista.

Las controversias acerca de si la ética del cuidado se debe clasificar como una ética feminista, si se debe considerar una ética de la virtud o bien qué relación debe establecer con la ética

26   A.J. Davis, V. Tschudin, L. de Raeve (eds.), *Ética de la enfermería*, *op. cit.*, p. 24.
27   C. Gilligan, *La ética del cuidado*, *op. cit.*, p. 31.

de la justicia evidencian que la ética del cuidado está todavía en proceso de construcción. Y en esta fase de construcción se observa que para dar una entidad propia a la ética del cuidado hay una tendencia a rechazar cualquier aportación que provenga de otros enfoques éticos. En nuestra opinión consideramos que este rechazo debilita la teorización de la ética del cuidado, porque es precisamente cuando se aprovecha la riqueza de las distintas teorías morales, y se descubre la complementariedad entre ellas, que la ética del cuidado adquiere solidez. Es desde esta integración de modelos que queremos construir y fundamentar la teoría moral de la ética del cuidado.

Empecemos por describir las aportaciones que la ética feminista ha brindado a la ética del cuidado. A pesar de que existen diferentes éticas feministas y hay un gran debate acerca de sus interpretaciones, en general todas han introducido el punto de vista de género en el análisis moral. El conjunto de teorías considera que el concepto de género «no equivale al sexo, sino que se refiere a unos rasgos de personalidad que tienen que ver con una construcción social y cultural».[28] Los diferentes enfoques feministas suelen entender el «género» en un doble sentido: en primer lugar, como un patriarcado que genera estructuras jerárquicas de poder y opresión sobre las mujeres, y por ello se debe denunciar y promover la lucha por la igualdad; en segundo lugar, como un rol que se ha inculcado a las mujeres y está tan arraigado y asumido socialmente que no se puede salir de él, representando así una limitación para la libertad de las personas.[29]

A partir de esta perspectiva de género, la ética del cuidado, desde su formulación por parte de Gilligan, pretendía defender que la subordinación de las mujeres no se puede justificar mo-

---

28 L. Feito, «Bioética feminista y del cuidado», *op. cit.*, p. 365.
29 *Ibid.*, p. 365.

ralmente, y que la experiencia moral de las mujeres debe expresarse con el mismo rigor y valor que la de los hombres.[30] Es importante notar que no todas las éticas feministas reconocen un vínculo con la ética del cuidado,[31] aunque la teorización de la ética del cuidado tiene enlaces directos con el feminismo. Esta relación, como hemos visto en el análisis del diálogo entre la ética del cuidado y la ética de la justicia, podría llevar a pensar que se trata de una ética propia de las mujeres y no de los hombres. En este sentido, cabe decir que esta es hoy una objeción superada porque —en palabras de Gilligan— «el cuidado y la asistencia no son asuntos de mujeres sino intereses humanos».[32] Las mujeres no tienen más habilidades para el cuidado por razones biológicas sino por aprendizaje. Si históricamente han sido las cuidadoras por excelencia no es por una cuestión de sexo, sino de una construcción social de género. La misma Gilligan en el título de su libro se refiere a una voz diferente y no a una voz de mujer para poner énfasis en la diferencia entre la voz moral de hombres y mujeres, en ningún caso para afirmar que el cuidado está biológicamente determinado ni es exclusivo de las mujeres. Como afirma Comins, «el cuidado, en cuanto construcción social, puede modificarse y aprenderse y desaprenderse».[33] En resumen, podemos decir que la ética del cuidado va más allá del género: es una ética para todos, hombres y mujeres, porque ambos pueden participar activamente del cuidado.[34]

---

30 I. Comins Mingol, *Filosofía del cuidar. Una propuesta coeducativa para la paz*, Barcelona, Icaria, 2009, p. 38.

31 En *Feminist Approaches to Bioethics*, Rosemary Tong sostiene que las éticas feministas pueden clasificarse en dos grandes grupos: las éticas centradas en el cuidado y las éticas centradas en el poder.

32 C. Gilligan, *La ética del cuidado*, *op. cit.*, p. 54.

33 I. Comins Mingol, *Filosofía del cuidar*, *op. cit.*, p. 45.

34 *Ibid.*, pp. 41-47.

Del mismo modo que relacionamos la ética del cuidado con el feminismo también consideramos que es una ética de la virtud, en la medida en que no es una ética basada en los principios sino en las virtudes. La bioética estadounidense, con el impulso de Beauchamp y Childress, ha privilegiado desde siempre y con mucha fuerza el enfoque principialista y ha dejado en un segundo plano otras propuestas imprescindibles para la bioética como, por ejemplo, la ética de la virtud. Francesc Torralba pone de relieve la insuficiencia del principialismo, y la necesidad de las virtudes, en la elaboración de la ética del cuidado:

> Para cuidar a un ser humano vulnerable no basta con los principios morales de beneficencia, no-maleficencia, autonomía y justicia, la tetralogía básica de la ética biomédica, sino que se requiere una disposición, una actitud, un temple anímico que debe perdurar en el tiempo. [...] La ética del cuidar, desde nuestro punto de vista, no debe erigirse a imagen y semejanza de la bioética norteamericana de corte principialista sino que debe partir de la ética de las virtudes [...] la tarea de cuidar requiere el cultivo de virtudes y solo desde la vivencia de dichas virtudes es posible cuidar adecuadamente.[35]

La vida moral no puede basarse únicamente en los principios, normas y reglas, también hace falta cultivar actitudes y hábitos que formen el carácter. Y en eso consiste el aprendizaje de las virtudes. Aristóteles, uno de los mejores referentes de la ética de la virtud, afirma que la virtud *(areté)* consiste en hacer excelentemente una actividad, y con ello uno deviene excelente. Las virtudes son «hábitos buenos» que configuran nuestro carácter, es decir, son el conjunto de rasgos personales que constituyen una manera de estar en el mundo. La virtud es un hábito selec-

35 F. Torralba, *Ética del cuidar. Fundamentos, contextos y problemas*, Madrid, Fundación Mapfre Medicina; Barcelona, Institut Borja de Bioètica, 2002, p. 22.

tivo, puesto que no es natural, ni espontáneo, ni innato, sino que es elegido pensando en nuestro ideal de vida. Un ideal que nos puede llevar a la felicidad.

Es cierto que la sociedad occidental actual tiene dificultades para aceptar el concepto de virtud, puesto que lo considera obsoleto, ligado a tradiciones filosóficas o religiosas que generan desconfianza,[36] y por eso en el lenguaje cotidiano se ha dejado de hablar de virtudes y se prefiere hablar de valores. Aristóteles, en la célebre *Ética a Nicómaco*, ya señala con acierto que la dirección de la auténtica educación moral no consiste en una educación teórica sobre el bien (valores), sino en la adquisición de hábitos buenos (virtudes). Lo importante no es saber qué es el bien, sino obrar bien. Y es realmente así, porque un gran conocedor de los valores puede ser un verdadero malvado y, al contrario, alguien sin ningún conocimiento de los valores puede ser una persona excelente. A pesar del desprestigio social que sufre la ética de la virtud es el momento de reivindicar nuevamente la actualidad y la validez de la *areté* (excelencia) griega, tanto en nuestra sociedad como en el ámbito de las ciencias de la salud. La ética de las virtudes, tal y como Aristóteles la concibió en un contexto precristiano, es perfectamente válida y necesaria en el marco de una ética cívica y, naturalmente, de una ética del cuidado, porque en las interacciones entre las personas —tanto en la esfera privada como pública— hay que fomentar las virtudes.

La ética del cuidado es una ética de la virtud porque se centra más en la adquisición de virtudes que en la preocupación por los derechos. Al mismo tiempo se aleja del ideal ilustrado de la universalidad para centrarse en la tradición y la particularidad. La ética del cuidado deja de ser una ética centrada en el indivi-

36 B. Román, «Ética de la virtud para la bioética clínica: hábitos, excelencia y conciencia de pertinencia», en J.P. Beca, C. Astete (eds.), *Bioética clínica, op. cit.*, p. 62.

duo para pasar a ser una ética basada en las relaciones interpersonales en el seno de una comunidad. También hace el tránsito de un modelo racional a otro en el que se da valor a las emociones, la afectividad, la voluntad. Y sobre todo subraya la idea de responsabilidad y solidaridad en relación con la justicia. En el fondo, como sostiene Fascioli, es una nueva forma de entender y dar contenido a la ética de la justicia.

Sostenemos que la ética del cuidado integra las teorías morales de la ética feminista y de la ética de la virtud, pero también se complementa con la ética principialista, de raigambre kantiana, basada en los principios abstractos. Hemos visto en el apartado anterior que a pesar de las diferencias entre la ética de la justicia (derechos) y la ética del cuidado (responsabilidad) los dos modelos no deben enfrentarse sino complementarse. En este sentido, Feito apunta que «desde la perspectiva feminista se ha buscado una reformulación de la ética del cuidado más sensible a los problemas de la justicia, y que lleve la ética del cuidado más allá de las relaciones interpersonales, para dar importancia también a los asuntos sociales y políticos».[37] Tronto como Barnes afirman que el cuidado es una cuestión política, y por eso piensan que la organización social debe pivotar sobre el cuidado. «Si convertimos el cuidado en el asunto central de una sociedad verdaderamente democrática, entonces tendremos una sociedad que refleje las realidades de la vida humana».[38]

La ética del cuidado debe ser capaz de articular los dos modelos. Seyla Benhabib, una de las pensadoras más influyentes de hoy, también intenta superar la dicotomía entre la justicia (esfera pública) y el cuidado o la vida buena (esfera privada) a partir de dos perspectivas morales que describen dos formas de relaciones entre el yo y el otro: la del «otro generalizado» y la

---

37 L. Feito, «Bioética feminista y del cuidado», *op. cit.*, p. 372.
38 J. Tronto, «La democracia del cuidado…», *op. cit.*, p. 33.

del «otro concreto».[39] La distinción de Benhabib entre esos dos enfoques es muy útil para fundamentar la ética del cuidado.

La perspectiva del otro generalizado entiende a cada individuo como un ser racional, con los mismos derechos y deberes que cada uno de nosotros desearía para sí mismo. Se asume que la relación con el otro está organizada por las normas de equidad formal y reciprocidad, esto es, cada uno puede esperar y asumir de nosotros lo que nosotros podemos esperar y asumir del otro. Las normas de interacción son públicas e institucionales, y se basan en el derecho, la obligación.[40] La perspectiva del otro concreto implica reconocer a cada individuo como un ser emocional, con una historia y una identidad propias. Esta perspectiva se focaliza más en la individualidad que en la igualdad entre nosotros. La relación con el otro está organizada por las normas de la equidad y la reciprocidad complementaria, esto es, cada uno puede esperar y asumir de los demás formas de conducta a través de las cuales el otro se siente reconocido en su individualidad concreta y específica. Las normas de interacción, aunque no son exclusivamente privadas, no son institucionales. Son normas de amistad, amor y cuidado basadas en la responsabilidad y las relaciones afectivas.[41]

Según Benhabib las teorías morales y políticas contemporáneas están colonizadas por la perspectiva del otro generalizado e ignoran la del otro concreto. Inspirada por la integración de modelos realizada por Gilligan, Benhabib propone, para corregir esta tendencia, no renunciar a una teoría moral universalista, aunque esta debe ser capaz de integrar la perspectiva del otro concreto:

39 S. Benhabib, *El Ser y el Otro en la ética contemporánea. Feminismo, comunitarismo y posmodernismo*, Barcelona, Gedisa, 2006, pp.188-195.
40 A. Fascioli, «Ética del cuidado y ética de la justicia…», *op. cit.*, p. 48.
41 *Ibid.*, pp. 48-49.

Mi objetivo es desarrollar una teoría moral universalista que defina el «punto de vista moral» a la luz de la reversibilidad de las perspectivas y de una «mentalidad ampliada». Tal teoría moral nos permite reconocer la dignidad del otro generalizado a través del reconocimiento de la identidad moral del otro concreto.[42]

A diferencia de las teorías morales universalistas, que se basan en un universalismo sustitucionista, que homogeniza y desconoce al otro concreto, su perspectiva consiste en un universalismo interactivo que reconoce que cualquier otro generalizado es también otro concreto. Según Benhabib, una buena teoría moral debe considerar como necesarias tanto la perspectiva del otro generalizado (derechos) como la del otro concreto (cuidado). Es importante destacar que la imbricación de teorías de carácter deontológico que ponen el acento en el deber (otro generalizado) y las teorías de carácter teleológico que ponen énfasis en las consecuencias del contexto (otro concreto) es necesaria, porque cuando uno no siente la responsabilidad frente al otro (virtud) se puede imponer el deber de la responsabilidad (principios).

Cabe señalar que esa autora sitúa la ética del cuidado en una esfera privada, propia de las relaciones íntimas, pero aunque la perspectiva del cuidar (otro concreto) surja inicialmente en el contexto de las relaciones privadas, es perfectamente integrable en la esfera pública, lo cual haría más amplia la justicia social. De ese modo las obligaciones de cuidado no solo se restringen a las relaciones personales sino que, como sostienen Tronto y Barnes, son extensibles a los demás miembros de la sociedad.

Por supuesto, la ética del cuidado se ha encontrado con un conjunto variado de objeciones, algunas con más consistencia que otras, que básicamente son el resultado de haber separado la ética del cuidado de la ética de la virtud aristotélica. Si la ética

42   S. Benhabib, *El Ser y el Otro…*, *op. cit.*, p. 189.

del cuidado se alinea, sin perder su esencia, con la ética de las virtudes entonces muchas de las objeciones que se le hacen dejan de tener sentido. A pesar de la diversidad de críticas, aquí nos fijamos en dos de ellas que pensamos que son más relevantes y habituales.

Una de las principales objeciones consiste en subrayar que un ideal de cuidado basado en el ideal del amor es tan exigente y utópico que puede producir desgaste o agotamiento emocional en el cuidador, porque no es posible establecer relaciones tan íntimas y afectivas con tantas personas. La visión negativa de la excelencia en el cuidado no deja de ser una paradoja. Desde la ética de la virtud se considera que la virtud es un hábito bueno adquirido voluntariamente y por ello, lejos de generar malestar o agotamiento emocional, proporciona sentido y bienestar, ya que no se cumple con un deber no deseado, sino con uno autoimpuesto, lleno de sentido. El cuidador siente que hace lo que quiere hacer. En la relación profesional la excelencia en el cuidado consiste en

encontrar el punto de equilibrio entre el exceso de implicación que pueda derivar en un posible abuso [en la relación], y un alejamiento emocional que conlleve un cuidado distante, que podríamos llamar defensivo y que, al no ser sensible a la subjetividad, se quede en el plano de la cosificación y pierda su calidad humana.[43]

La relación de cuidado consiste en responder a las necesidades de la persona a quien se cuida, pero sin descuidarse uno mismo, porque el cuidado de sí es lo que posibilita seguir cuidando. Otras voces sostienen que el desgaste o agotamiento emocional también se puede producir porque la ética de las virtudes se

43   C. Domínguez, M. Busquets, A. Ramió, N. Cuixart, «Hacer visible el cuidado», en AA.VV., *Nuevas políticas del cuidar, op. cit.*, p. 29.

centra en la construcción y transformación de la persona, pero no consigue transformar el contexto. Desde una buena comprensión de la ética de la virtud se puede contrarrestar fácilmente esta objeción. Las éticas neoaristotélicas o comunitaristas distinguen entre virtudes autorreferenciales y virtudes heterorreferenciales. La paciencia, la alegría o la serenidad son ejemplos de virtudes de alcance privado porque benefician al propio individuo, pero la justicia, la solidaridad o la generosidad solo tienen sentido en referencia al otro, ya que el propio sujeto no siempre se beneficia de ellas. Las virtudes heterorreferenciales inciden plenamente en la transformación del contexto. Es importante destacar que para Aristóteles las virtudes están enmarcadas en la *polis*, y por lo tanto tienen una perspectiva pública. En este sentido, cuando vemos las virtudes encarnadas en el carácter moral de las personas, constatamos que la distinción entre ambos tipos de virtudes tiende a difuminarse porque la expresión de una virtud autorreferencial impacta en el contexto social.[44]

Otra objeción frecuente a la ética del cuidado deriva del prejuicio racionalista, que considera que la ética del cuidado, al poner tanto énfasis en las emociones y en la sensibilidad, pierde la capacidad de tomar decisiones éticas, sobre todo en casos en los que entran en conflicto diferentes principios. Al no haber un pensamiento ético objetivo basado en los principios, no puede justificar las decisiones en el marco de un discurso ético de principios universales, lo que conduce a una forma de «relativismo emocional».

Esta crítica parte de la aceptación de la dicotomía tradicional entre razón y emoción como esferas separadas, y a la vez sostiene la primacía de la razón sobre la emoción. El empirista David Hume, en el polo opuesto, defendía que es el sentimiento y no la

---

44 X. Etxeberria, «Pensamiento ético y praxis», en Pedro M. Sasia (ed.), *La perspectiva ética*, Madrid, Tecnos, 2018, p. 93.

razón lo que mueve a los humanos. Por ello, el cuidado, o las emociones que lo motivan, son subjetivas, pero eso no quiere decir que sean malas o deban eliminarse en nombre de los principios. Para cuidar bien hacen falta principios que indiquen lo que es justo y correcto, pero no se puede cuidar bien sin la compañía de las emociones. La persona cuidada, más allá de normas y leyes, necesita ayuda, compasión, afabilidad. Victoria Camps apunta que esta objeción no vale «si se entiende que la ética del cuidado no sustituye sino que complementa a la de la justicia [...] la subjetividad de las emociones no tiene mayores peligros de desvío que la abstracción de las normas y los grandes principios».[45]

Por otro lado, la ética del cuidado vinculada con la ética de la virtud permite la deliberación como metodología de toma de decisiones. Camps insiste en que la ética de las virtudes es la teoría ética más adecuada para abordar los problemas clínicos. La ética de las virtudes de Aristóteles desarrolla la virtud de la *phrónesis* (regla de la razón), una virtud intelectual «gracias a la cual la persona que la ha adquirido es capaz de actuar bien porque sabe escoger el término medio, entre el exceso y el defecto, que es la regla que define en general a todas las virtudes».[46] Diego Gracia también ha tomado conciencia de que la ética de la virtud aristotélica es un claro ejemplo de apertura a la deliberación ética, y por ello ha desarrollado una amplia teorización en el contexto de la bioética. Con todo lo dicho se muestra que no es cierto que la ética del cuidado no esté preparada para la toma de decisiones, porque tanto en la ética basada en los principios (principialismo) como en la ética del cuidado interviene la deliberación en caso de conflicto de valores.

45   V. Camps, *El siglo de las mujeres, op. cit.*, p. 77.
46   *Id.*, «Los valores éticos de la profesión sanitaria», *Educación Médica*, 16(1) (2015), p. 5.

Para concluir debemos decir que el desarrollo y la madurez de la ética del cuidado se producirá en la medida en que se valoren las aportaciones que tanto la ética feminista como la ética de la virtud y la ética principialista pueden hacer a la teoría moral de la ética del cuidado. La aceptación de dichas teorías no debilita la construcción filosófica de la ética del cuidado, todo lo contrario, la enriquece, como la enriquecen los distintos modelos de cuidado que exponemos a continuación.

La ética del cuidado: modelos

A partir del debate Kohlberg-Gilligan (derechos-responsabilidad) la ética del cuidado ha ido evolucionando gracias a un conjunto importante de pensadoras feministas. Todas ellas, con sus investigaciones en torno a la ética del cuidado, han contribuido a que se pudiera desarrollar y aplicar esa teoría ética en el ámbito clínico. Pero a pesar de que la perspectiva del cuidado es aplicable a todas las profesiones del ámbito de las ciencias de la salud, donde ha calado con mayor profundidad, como ya hemos dicho, ha sido en la profesión enfermera, que tiene el cuidado como centro de su actividad. Anne J. Davis, Verena Tschudin, Sara T. Fry, Patricia Benner, Louise de Raeve, entre otras, son enfermeras que han destacado en el desarrollo de la ética del cuidado en el contexto profesional.

A pesar de la complejidad que envuelve tanto el concepto de cuidado como de la ética del cuidado su teorización ha seguido y sigue adelante. Mediante *Caring. A feminine approach to ethics and moral education [Cuidar. Un enfoque femenino de la educación ética y moral]*,[47] Nel Noddings, una pensadora feminista estadou-

---

[47] N. Noddings, *Caring. A feminine approach to ethics and moral education*, Berkeley, University of California Press, 1984.

nidense, ha ejercido gran influencia —junto con Carol Gilligan— en el desarrollo de la ética del cuidado. Noddings elabora una propuesta en la cual distingue entre el «cuidado natural» y el «cuidado ético»:

Existe una experiencia primigenia del cuidado basada en una inclinación natural. Hay una relación humana, una respuesta afectiva básica que el ser humano experimenta y aprende en el núcleo familiar. Desde este cuidado natural hay una expansión hacia la preocupación por las otras personas, que dará lugar al cuidado ético. El cuidado [...] es una preocupación por uno mismo que se transforma en cuidado del otro.[48]

Noddings considera que los elementos fundamentales que caracterizan la relación del cuidado son:

– La *receptividad (receptivity)* es la capacidad del cuidador de dejarse afectar, de percibir y de sentir, o de recibir, al otro. Se trata de un proceso más emotivo que cognoscitivo, y que posibilita el desarrollo personal de quien cuida.
– La *adhesión (relatedness)* es la respuesta activa por parte de quien cuida. Esta respuesta forma parte de la exigencia ética implícita en la relación establecida.
– La *respuesta (responsiveness)* es el compromiso, la disponibilidad, del cuidador para responder a las necesidades de la persona cuidada. En la respuesta se desplaza el yo (cuidador) hacia la persona que requiere ayuda.

Estos elementos son espontáneos en el cuidado natural y se extienden a otras personas a través del cuidado ético. Noddings introduce la cuestión de la reciprocidad en la práctica del cuidar,

48   L. Feito, *Ética y enfermería*, Madrid, San Pablo-Universidad Pontificia de Comillas, 2009, p. 151.

y la conecta a la emotividad. Según Feito, la reciprocidad genera dificultades cuando se aplica a los profesionales de la salud porque en este ámbito la relación es desigual. El profesional «cuida sin esperar que el paciente pueda responder de modo efectivo en esa relación, pero no por ello se elimina su obligación de cuidado».[49] Y este hecho implica la imposibilidad de llegar a una reciprocidad completa que disminuye el desarrollo personal. Por su parte, MacIntyre introduce el concepto de reciprocidad diacrónica para superar las asimetrías entre el cuidador y la persona cuidada.

La teorización filosófica de Noddings sobre la ética del cuidado ha tenido un gran impacto en el ámbito de la profesión enfermera. Por ello Tschudin también considera el cuidado desde una perspectiva relacional muy íntima y profunda. Esta autora ha llegado a afirmar que «el cuidado trata sobre el amor».

> Tschudin se basa en autores como M. Buber o M. Mayeroff que, desde una perspectiva psicológica, insisten en la idea del reconocimiento y cuidado del otro como una manera de completar el propio yo, y también, desde la perspectiva enfermera, en M.S. Roach que considera el cuidado como un modo humano de ser, el elemento fundamental que nos hace ser personas. [...] El «sentir con», pues, es la base de estos elementos que tanto Tschudin como Noddings consideran «naturales». El cuidado, como expresión de este «sentir con», se manifiesta entonces en unos valores que determinan la acción de enfermería: la receptividad hacia el otro, la relación con él y la respuesta a sus demandas.[50]

Tschudin hace suyas las célebres «cinco C del cuidado» de la enfermera canadiense M.S. Roach (1987): compasión, compe-

---

49 L. Feito, *Ética y enfermería*, *op. cit.*, p. 153.
50 *Ibid.*, p. 154.

tencia, confianza, conciencia y compromiso. Aun así, a partir de la revisión de su obra (2002), Roach ha ampliado su teorización a otros conceptos: el comportamiento y la creatividad. Por ello tenemos que hablar de las «siete C del cuidado» [The 7 C's of Caring]:[51]

- La *compasión* es un estilo de vivir que significa ser con el otro en su sufrimiento. Es participar, con empatía y sensibilidad, en el dolor y el desgarramiento del otro. Con la compasión, uno se convierte en un compañero de la humanidad.

- La *competencia* consiste en tener el conocimiento, el criterio, las habilidades, la energía, la experiencia y la motivación necesarias para responder adecuadamente a las demandas de las responsabilidades profesionales.

- La *confianza* se refiere a una calidad que debe formar parte de la relación. Es tener la tranquilidad de que la relación se desarrollará en un marco de confianza y de respeto. La confianza se genera mediante la buena gestión del conocimiento y de la experiencia.

- La *conciencia* se dirige a la toma de decisiones morales. La conciencia forma parte de la personalidad, y esta muestra la sacralidad de la persona. La conciencia es el instrumento mediante el cual sentimos que tenemos obligaciones y responsabilidad moral ante los hechos que suceden.

- El *compromiso* se define como una respuesta afectiva y compleja caracterizada por la convergencia entre los propios deseos y obligaciones y por una elección deliberada de actuar de acuerdo con ellos. El compromiso es

51 M.S. Roach, *Caring, the human mode of being*, 2.ª ed., Ottawa, CHA Press, 2002, pp. 50-65.

el esfuerzo que dedicamos a conseguir el bienestar de los otros.

- El *comportamiento* tiene que ver con la necesidad de la autoconciencia sobre el impacto que uno mismo genera en el otro a través de la actitud, la forma de vestir, el lenguaje utilizado. Esta autoconciencia lleva a aceptar la responsabilidad de nuestras acciones.
- La *creatividad* es pensar de manera reflexiva, crítica y con imaginación para mejorar el cuidado. La creatividad requiere apertura, integración de nuevos conocimientos y aumentar la conciencia moral.

Volviendo a Tschudin, la fundadora de la prestigiosa revista *Nursing ethics*, a pesar de su proximidad con Roach, en *Ethics in nursing. The caring relationship [La ética en enfermería. La relación del cuidado]*[52] también desarrolla una propuesta específica en la relación de cuidado en el ámbito de las personas mayores y/o dependientes. A continuación reproducimos los elementos que constituyen su planteamiento:

- *Saber hacer*: tener conocimientos y competencia.
- *Saber dar confianza*: ser honesto y veraz con la persona dependiente.
- *Tener compasión y coraje*: estar cerca de la persona dependiente, pero con firmeza y valentía.
- *Tener esperanza*: saber averiguar las posibilidades de la persona cuidada y ayudar a dotar su vida de un sentido positivo.
- *Tener humildad y paciencia*: humildad, porque toda persona es única e irrepetible y puede enseñarnos algo im-

---

52 V. Tschudin, *Ethics in nursing. The caring relationship*, 3.ª ed., Oxford, Butterworth-Heinemann, 2003.

portante en la vida; y paciencia, como actitud de ayuda constante a la persona dependiente.[53]

En *Moral boundaries. A political argument for an ethic of care [Límites morales. Un argumento político para una ética del cuidado]*,[54] Joan Tronto también describe las características básicas del fenómeno del cuidado. Inicialmente Tronto estructuraba el cuidado en cuatro dimensiones, hoy su modelo consta de cinco dimensiones:

– *Cuidar de:* esta dimensión representa la preocupación por alguien o por algo, la inquietud, el estar atento ante el estado en que se encuentra una persona. Es, en último término, la actitud receptiva respecto al otro. Esto implica que el cuidador salga de sí mismo para atender las demandas de cuidado.
– *Proporcionar cuidados*: es la fase que consiste en responder, esto es, asumir la responsabilidad de mejorar la situación en la cual se encuentra la otra persona.
– *Prestación de cuidado*: una vez identificada la necesidad y que alguien ha asumido la responsabilidad de atenderla viene la fase del cuidado real. Y en esa situación a veces las personas que reconocen la necesidad no son las mismas que asumen la responsabilidad del cuidado real.
– *Cuidado recibido*: esta fase desplaza el cuidador para poner en el centro a la persona que recibe cuidados. Se trata de comprobar que las necesidades de cuidado están realmente satisfechas. Así, el destinatario de los cuidados tiene que hacer explícito, en un proceso de *feedback*, el

---

53 sarquavitae, *La virtud en el cuidar. Ética para profesionales de la salud*, Barcelona, sarquavitae, 2011, p. 41.
54 J.C. Tronto, *Moral boundaries. A political argument for an ethic of care*, Nueva York, Routledge, 1993. En 2013 Tronto añadió una quinta fase del cuidado.

reconocimiento hacia quien lo cuida y debe estar de acuerdo con los cuidados.

- *Cuidar con*: se refiere al hecho de que mientras se produce el cuidado las personas tienden a confiar en la provisión continuada de dicho cuidado. Sus cualidades morales son la confianza mutua, la confianza en las instituciones sociales y políticas, y la solidaridad intergeneracional y con otros ciudadanos. También se refiere a que el cuidador confía en que si en el futuro se encuentra en una situación de vulnerabilidad también será cuidado.

El desarrollo de estas cinco dimensiones indica cuáles son las actitudes esenciales que debe asumir cualquier profesional de la salud en la práctica del cuidado: estar atento, ser responsable, ser competente, ser sensible y comprometerse.

Barnes y Brannelly[55] también describen los principios esenciales de la ética del cuidado para identificar en qué consiste el «buen cuidado» y su relación con la justicia social. A pesar de que su propuesta está enfocada en la atención a personas con demencia y problemas de salud mental, perfectamente se puede ampliar a otros contextos clínicos y sociales. Los elementos que componen este modelo son:

- *Atención*: la implicación de los cuidadores y los receptores de atención hace que el cuidado se convierta en «buen cuidado» cuando adquiere la forma en que la persona quiere ser tratada.
- *Responsabilidad*: la conciencia de ser miembro de unas redes de cuidado y responsabilidad implica obligaciones hacia los demás.

---

55 M. Barnes, T. Brannelly, «Achieving Care and Social Justice for People with Dementia», *Nursing Ethics*, 15(3) (2008), pp. 384-395.

- *Competencia*: la buena atención requiere un conocimiento particular de la persona a la que se cuida para asegurar una respuesta que se relacione con la singularidad del individuo.

- *Confianza*: la competencia, es decir, comprender cómo al otro le gustaría ser cuidado es lo que genera confianza tanto a la persona como a los cuidadores.

- *Capacidad de respuesta*: se trata de la necesidad de comprender cómo reaccionan los receptores de atención ante la situación en la que se encuentran, incluida la forma en que responden a la atención que reciben.

El conjunto de propuestas teorizadas por Noddings, Roach, Tschudin, Tronto, Barnes y Brannelly pretenden dar contenido concreto a la abstracción de la propia ética del cuidado. La pluralidad de modelos sobre la ética del cuidado pone de relieve que no existe un paradigma único y compartido, al estilo del principialismo. El cuidado es tan pluridimensional que es difícil categorizarlo, por ello se expresa en distintas facetas. Eso nos lleva a afirmar la validez de todos los modelos. No estamos ante propuestas que se excluyen las unas a las otras, sino todo lo contario, los modelos son complementarios entre sí. Más adelante veremos que dentro de esa diversidad de modelos Lev Tolstói en *La muerte de Iván Ilich* también presenta implícitamente un modelo interesante sobre la ética del cuidado.

Una vez hemos explicado los orígenes de la ética del cuidado, analizado las cuestiones relativas a su fundamentación y presentado algunos de los modelos más relevantes de la ética del cuidado es el momento de abordar otra cuestión importante: cómo conseguir que los profesionales de la salud asuman las responsabilidades en torno a la ética del cuidado y cuál es el papel de la ética narrativa en la consecución de este objetivo.

La ética del cuidado y la ética narrativa

La teorización de la ética del cuidado adquiere sentido en la medida en que orienta la vida práctica. Aristóteles decía que «investigamos no para saber qué es la virtud, sino para ser buenos».[56] Tanto es así que la ética del cuidado considerada como una ética de la virtud debe ir acompañada de un proceso de educación moral. En ese sentido, para orientar la conducta moral contamos con la aportación de la ética narrativa, un nuevo enfoque pedagógico que puede ayudar a mejorar las relaciones de cuidado.

En sus inicios la bioética no había tomado conciencia del potencial que tiene el relato narrativo como instrumento no solo para mejorar la relación clínica, sino también para pensarse uno mismo, educar las propias actitudes éticas y disponer de un instrumento para deliberar en la toma de decisiones cuando se presentan situaciones de conflicto ético. Recientemente, o mejor dicho, en el cambio de siglo, gracias a autores como Tod S. Chambers o Rita Charon, la bioética ha descubierto —más allá de la bioética unidimensional de los principios— la riqueza de este enfoque; esto ha provocado, en el marco de esta disciplina interdisciplinaria, lo que se denomina el «giro narrativo», un cambio de orientación que pone de relieve la dimensión narrativa en el contexto de las ciencias de la vida y de la salud. El principal objetivo de este replanteamiento es mejorar, a través de los relatos, la interpretación, la comprensión y el acompañamiento en las relaciones de interdependencia.[57]

Seguramente el francés Paul Ricœur es el filósofo que más ha influido en este «giro narrativo» en el ámbito de la bioética.

---

56 Aristóteles, *Ética nicomáquea*, Madrid, Gredos, 1988, p. 160.
57 M.T. López de la Vieja, *Bioética y literatura*, Madrid, Plaza y Valdés, 2013, pp. 19-33.

Su proyecto filosófico basado en la hermenéutica, y que cuenta con obras tan relevantes como *Tiempo y narración* y *Sí mismo como otro*, parte de la idea de que la literatura es una mediación para interpretar y para comprender al ser humano:

> Conocemos lo que es el ser humano a través de las mediaciones, a través de lo que el propio ser humano produce y dice: mitos, ritos, símbolos, cultura, etc. Por lo tanto, una forma de conocer el ser humano que sufre y padece es a través de los relatos en los que se ha expresado este sufrimiento y padecimiento.[58]

Ricœur establece una conexión entre el mundo de la literatura y el de la experiencia narrativa personal: «Los relatos nos interesan y son un gran recurso para "expresar" la vida porque en la experiencia misma de la vida hay ya elementos narrativos».[59] Según el filósofo francés los relatos desarrollan un tipo de inteligencia narrativa que contribuye a la elaboración de juicios morales, es decir, el relato produce experiencias de pensamiento que se vinculan a los aspectos éticos de la conducta.

Alasdair MacIntyre es otro de los referentes del pensamiento narrativo. En su obra *Tras la virtud* desarrolla, siempre desde la perspectiva aristotélica, una propuesta narrativa que parte de la idea de que la vida humana es estructuralmente y tradicionalmente narrativa: «El hombre, tanto en sus acciones y sus prácticas como en sus ficciones, es esencialmente un animal que cuenta historias».[60] El ser humano se comprende a sí mismo a partir de las narraciones vividas, y las acciones e intenciones acontecen inteligibles en la medida en que son explicadas. Ser un sujeto narrativo «es ser responsable de las acciones y experiencias que

58 T. Domingo Moratalla, L. Feito Grande, *Bioética narrativa*, Madrid, Escolar y Mayo, 2013, p. 37.
59 *Ibid.*, p. 38.
60 A. MacIntyre, *Tras la virtud*, Barcelona, Crítica, 2001, p. 266.

componen una vida narrable».[61] Para MacIntyre, esta responsabilidad exige rendir cuentas de las acciones y demostrar a través de un relato inteligible que este es coherente con la propia historia de vida (identidad). Esto implica, al mismo tiempo, que los otros también respondan de sus acciones. La «unidad narrativa de vida» es el ideal de vida buena al que hay que aspirar.

Nussbaum desarrolla de manera muy interesante la acción pedagógica que genera la articulación entre la literatura y la filosofía. Ella parte de la convicción de que a través de la literatura «se puede educar a las personas, se pueden sembrar ciertas actitudes morales que tienen más que ver con la emoción que con lo estrictamente racional, y se puede lograr un cultivo de la humanidad en aras de una ciudadanía cosmopolita».[62] Según Nussbaum, el género que ofrece más posibilidades de cara a la concienciación y a la sensibilización ética es, sin duda, la novela. Por ello afirma que «las novelas caracterizan la vida de un modo más rico y verdadero (de hecho, más preciso) [...] y generan en el lector un tipo de trabajo ético más adecuado para la vida».[63] La idea de esta filósofa estadounidense es que el potencial de la literatura se convierta en un medio para generar actitudes éticas de responsabilidad, de atención a la vulnerabilidad en la ciudadanía, para promover un ideal de convivencia en una sociedad cosmopolita, esto es, una sociedad que es multicultural y plural.

La literatura, y toda narración en general, también las de carácter visual o audiovisual, educan éticamente porque se aprende de los protagonistas de los relatos de modo análogo a como se produce en la relación directa con otras personas que ejercen como modelos. Aristóteles ya había comprendido que lo más

61   *Ibid.*, p. 268.
62   T. Domingo Moratalla, L. Feito Grande, *Bioética narrativa, op. cit.*, p. 55.
63   *Ibid.*, p. 9.

importante para la educación moral en el terreno de la virtud no se basa solo en la transmisión de conocimientos teóricos, sino que es muy importante estar rodeado de buenos modelos, personas que destaquen por haber adquirido hábitos buenos. Diego Gracia señala que «muy poca gente, si es que hay alguna, ha aprendido sus conductas morales en los tratados de ética. La fuente más importante de conocimiento de la vida, de la cultura, de la moral son las tradiciones narrativas».[64] Y añade que las narrativas han tenido siempre una función primariamente moral, porque «su objetivo era siempre el mismo, presentar sujetos ejemplares o modelos de vida».[65]

El ejemplo y la imitación de los modelos éticos son las herramientas más idóneas para adquirir virtudes. Javier Gomá en *Tetralogía de la ejemplaridad*, en la cual recoge la tradición histórica en torno a los conceptos clásicos de la cultura como «modelo», «ejemplo» o «imitación» describe qué es el ejemplo moral y la trascendencia que tiene en la vida de las personas:

> En el ejemplo se despliega toda la comprensión y toda la verdad con mayor plenitud que en la enunciación abstracta de la regla moral. Si quien enseña a no mentir, miente, sin duda que el ejemplo de la mentira prevalece en el discípulo sobre la lección teórica. Si desapareciera de nuestro mundo el ejemplo de la virtud, no podría volverse a traer ni con ayuda de todos los libros escritos por los más eximios moralistas. [...] La educación sentimental del hombre se alimenta de los ejemplos concretos de valores y antivalores experimentados en su vida, y no en el discurso moral ni en el sermón. En suma, *predicar con el ejemplo significa que el ejemplo predica*, es decir, que es el único capaz de hablar a la conciencia y al corazón con toda la elocuencia,

64 D. Gracia, *Como arqueros al blanco. Estudios de bioética*, Madrid, Triacastela, 2004, p. 198.
65 *Ibid.*, p. 201.

aunque sea un ejemplo silencioso, y ante él la voz más ardiente del más inflamado predicador puede llegar a ser muda.[66]

Gomá explica que toda nuestra vida está rodeada de ejemplos morales. Los encontramos en la familia, los amigos, los vecinos, los compañeros de trabajo, la sociedad. La ejemplaridad moral, la presencia de los otros supone un juicio moral permanente en la existencia de cada uno, esto es, nos interroga sobre nuestra manera de actuar por comparación con los otros. Corre parejo a este hecho que nosotros también somos ejemplo para ellos; además de la responsabilidad de la influencia que los otros generan en nuestra vida, nosotros también somos responsables del ejemplo que transmitimos. Así pues, nos movemos continuamente en una red de ejemplos mutuos de la que, algunas veces para bien y otras para mal, no podemos escapar.[67]

Vivimos en una comunidad de ejemplo, pero en las sociedades contemporáneas donde se defiende el relativismo moral es difícil encontrar ejemplos preocupados por mejorar la *polis*, la sociedad. Camps alerta de la dificultad que tienen las democracias actuales y las sociedades secularizadas para educar en virtudes, y cómo los profesionales vinculados a las ciencias de la salud tienen una asignatura pendiente en la adquisición de las virtudes profesionales:

> La educación y la formación en general, presas de corporativismo, dan prioridad a los conocimientos instrumentales y técnicos y no valoran la importancia de inculcar actitudes éticas. No es fácil orientarse éticamente en un mundo que prioriza el valor de la libertad individual. Tampoco es fácil enseñar ética en un contexto que convierte en modélicos los comportamientos que conducen al éxito

---

66 J. Gomá Lanzón, *Imitación y experiencia*, Madrid, Taurus, 2014, p. 574.
67 *Ibid.*, pp. 570-571.

material y a la acumulación de riqueza, y no a los que destacan por la ejemplaridad moral.[68]

Para intentar revertir la situación que expone Camps vamos a retomar la convicción de Nussbaum de que la novela es el género literario más adecuado para la sensibilización ética. Hemos elegido *La muerte de Iván Ilich*, una novela breve de Tolstói, para proporcionar un aprendizaje moral, o de las virtudes, a los profesionales de las ciencias de la salud a través de la experiencia ética que transmite el personaje literario de ficción llamado Gerasim. Se trata de un cuidador que sin duda es un modelo, o un ejemplo a imitar, para todos los profesionales de la salud que cuidan a los más vulnerables. Gerasim representa, de manera nítida y literal, la figura del buen cuidador y del cuidador bueno. *La muerte de Iván Ilich* es una obra ideal en el contexto de la ética narrativa. Ese magnífico relato es un paradigma de arte narrativo que puede ayudar a reorganizar positivamente la experiencia personal, profesional e institucional en torno a la ética del cuidado.

---

68   V. Camps, «Los valores éticos de la profesión sanitaria», *op. cit.*, p. 7.

TOLSTÓI Y LA MUERTE.
VIDA, OBRA Y PENSAMIENTO

Hay algún sentido en mi vida que no será destruido
por la inevitable muerte que me espera.

LEV TOLSTÓI

Si alguien se ha preocupado especial e intensamente por la sensibilización ética que ejerce la novela en el lector ese es sin duda Lev Tolstói. Para el patriarca de las letras rusas el arte verdadero va unido a un ideal moral, a un medio de perfeccionamiento de la humanidad. En la obra *¿Qué es el arte?* Tolstói confiere una nueva misión al arte, y defiende que todo arte que se aleja de la esencia moral y se queda en pura estética es falso y perverso. *La muerte de Iván Ilich* es una novela que aparece justamente después de la publicación de *¿Qué es el arte?*, por lo tanto es un relato mediante el cual el escritor asume un compromiso pedagógico y ético con el lector.

Para comprender que en la literatura de Tolstói subyace una ética del cuidado es necesario acercarse no solo a su obra y su pensamiento, también es imprescindible conocer su vida, porque quien escribe no lo hace al margen de una biografía. Tolstói convierte la escritura en una forma de vida, un medio de reflexión y diálogo consigo mismo, para hacer más soportable la conciencia de que la vida está siempre amenazada por la finitud. Él vivía gracias a la palabra escrita, la palabra era su única manera de estar en el mundo. Ese nexo entre escritura y vida hace que su obra sea esencialmente autobiográfica.

En este capítulo comprobaremos cómo la concepción de la muerte de Tolstói y sus experiencias con la muerte se filtran con profundidad en tres relatos breves: *Tres muertes*, *La muerte de Iván Ilich,* y *Amo y criado*. Las tres novelas reflexionan sobre la vida y la muerte, y ayudan a comprender el núcleo del pensamiento moral de Tolstói, ya que él relaciona el sentido de la vida con el sentido de la muerte. Quien supera el vivir para sí mismo y es capaz de vivir con amor para los demás es más fuerte que la muerte. La teorización moral sobre los sentidos que Tolstói confiere a la vida y a la muerte nos servirá también para fundamentar lo que consideramos es su ética del cuidado.

Es cierto que la obra literaria del escritor ruso, y especialmente sus tres grandes novelas, *Guerra y paz*, *Anna Karenina* y *Resurrección*, ha eclipsado su obra filosófica, no obstante, a pesar de esa realidad, no se puede menospreciar su obra de pensamiento, que nos sitúa ante las cuestiones filosóficas más profundas y actuales de la vida humana. Tolstói fue mucho más que un novelista, fue un hombre excepcional que con su pensamiento —presentado en forma de novela, de ensayo o encarnado en su propia vida— consiguió inscribir su nombre en la historia de la humanidad. Oreste Ciattino reconoce el carácter único del escritor ruso:

Tolstoy *[sic]*, por consenso universal pertenece a aquella selecta falange de raros privilegiados que, de cuando en cuando, iluminan como faros ultrapotentes el camino de la humanidad. Criaturas de excepción que sorprenden, sugestionan y arrastran; profundamente revolucionarios, porque son los destinados por la naturaleza para destruir costumbres mentales y usanzas morales envejecidas y deterioradas, para instaurar nuevos convencimientos intelectuales y morales.[69]

El hecho de vislumbrar la amalgama entre la vida, la obra y el pensamiento de Tolstói nos ayudará a aproximarnos de un modo más preciso y más profundo a *La muerte de Iván Ilich*, así como a la filosofía del cuidado que contiene la obra.

La muerte en la vida de Tolstói

Ya en el albor de la vida Tolstói adquiere una profunda conciencia de la fragilidad humana. Este hecho vital lo obliga a realizar un arduo y largo proceso existencial para llegar a descubrir, como expone Nussbaum, algún tipo de belleza o sentido en la vulnerabilidad humana, y en especial en la muerte.

Tolstói nace en 1828 en la mansión feudal de Yásnaia Poliana, situada a unos doscientos kilómetros al sur de Moscú; es el cuarto hijo de un matrimonio perteneciente a la aristocracia rusa. Tolstói descubre muy pronto que la muerte es el aspecto más serio, más enigmático y más trascendente de la vida humana. Por ello se convierte en su principal preocupación y su mayor obsesión. La vive y la sufre, con sus altibajos, a lo largo de ochenta y dos años, hasta que muere —tras huir súbitamente de su casa— en la estación de tren de Astapovo en 1910.

La biografía de una persona, la aproximación a los hechos más relevantes de su trayectoria vital, permiten en cierto modo comprender mejor cuáles son sus grandezas y sus miserias, sus esperanzas y sus miedos. La biografía del escritor ruso es eso, y es sobre todo una narración acompañada constantemente por la

---

69   O. Ciattino, «Tolstoy», en L. Tolstói, *Iván el imbécil*, Barcelona, Maucci, 1920, p. 5.

presencia de la muerte. Su madre muere cuando él tenía un año y medio, después de dar a luz a su hermana, sin haber podido saborear aún el calor y el amor maternal. Y cuando todavía no ha cumplido ocho años, pierde repentinamente a su padre. El niño de Yásnaia Poliana se queda huérfano, desamparado, sin referentes en el primer tramo de la vida. La abuela paterna muere enloquecida pocos meses después del deceso de su hijo Nikolái. Todas esas muertes, cuando la vida de Tolstói apenas empieza, tienen una fuerte influencia en la percepción de la muerte, y lo modelan de una forma especial.

A los veintiocho años muere su hermano Dimitri, y a los treinta y dos, su hermano mayor, Nikolái, con quien estaba muy unido. Esa última muerte es sin duda la más violenta, la más feroz que vivirá jamás el escritor. Después se producen otros decesos menos cercanos, que lo sitúan nuevamente ante el fantasma de la muerte. Tolstói no consigue acostumbrarse nunca a la muerte, al menos durante los primeros años de vida. La obsesión por «ella» y la rebelión contra «ella» surgen precisamente porque no se puede «acostumbrar» a la muerte, pues no puede «comprender» su sentido, y sin encontrar un sentido a la muerte tampoco puede hallar un sentido a la vida; para él todo se convierte en un absurdo, al estilo del existencialismo de Jean Paul Sartre o de Albert Camus, que consideran que la absurdidad de la muerte también convierte la vida en un absurdo.

Inmerso en la idea de la absurdidad de la muerte hay un momento en la vida del escritor en el cual la presencia de la muerte lo atormenta de un modo atroz; se trata del episodio conocido como «la noche de Arzamás». Nos situamos en el año 1869. Tolstói, con cuarenta y un años, recién termina de escribir *Guerra y paz* y quiere comprar unos terrenos para ampliar su propiedad de Yásnaia Poliana. De camino a la zona donde está situada la parcela en venta, él y su criado se paran a descansar en un hostal en Arzamás. A las dos de la madrugada, Lev vive uno de los episodios más angustiantes y más cruciales ante la muerte. Allí, en medio de la oscuridad de la noche, siente, vive y sufre la presencia aterradora de la muerte. Henri Troyat, en su biografía sobre el escritor, afirma con contundencia que a partir de esa experiencia «en adelante vivirá como un herido al que no se le ha podido extraer la bala».[70] Y Stefan Zweig, en la misma línea, concluye que el terror bárbaro, el horror extremo ante la muerte «lo esclaviza para toda la vida».[71]

Después de este episodio la muerte se ensaña con él. Tolstói que se había casado con Sofia Bers ve morir cinco de sus trece hijos, y sufre la pérdida de sus dos tías: Tatiana y Pelagueia, más tarde la de su tía segunda Aleksandrina, y la de su hermano Serguéi. Se puede decir que toda la vida de Tolstói —como era habitual en aquella época— está llena de finales que plasma en su obra. Zweig recuerda que en las novelas de Tolstói hay múltiples despedidas que «serían impensables sin ese estremecimiento catastrófico, sin esa revuelta integral del horror sufrido en carne propia».[72] Y añade que «para describir ese centenar de muertes [en su obra], Tolstói tuvo que haber vivido por anticipado su propia muerte cientos de veces en su alma corroída».[73] El paralelismo entre la vida y la obra de Tolstói nos ayuda a comprender que el miedo a la muerte hizo que «su arte se apartara de lo superficial, de la mera contemplación y reproducción de la realidad, y lo condujo hasta las profundidades del saber».[74]

La presencia continuada de la muerte en la biografía de Tolstói, junto con su naturaleza sensible y profundamente curiosa, aumenta su obsesión por la finitud. Tolstói finaliza *Anna*

70 H. Troyat, *Tolstoï (2)*, Barcelona, Bruguera, 1984, p. 123.
71 S. Zweig, *Tres poetas de sus vidas. Casanova, Stendhal, Tolstói*, Barcelona, Austral, 2013, p. 241.
72 *Ibid.*, p. 245.
73 *Ibid.*
74 *Ibid.*

Karenina alrededor de los cincuenta años. Todo lo que él soñaba de joven, en su etapa militar, en el Cáucaso, se había hecho realidad: el reconocimiento literario, la formación de una familia, la estabilidad económica. Y es precisamente en el momento en que parecía que Lev lo tenía todo cuando cae en una terrible crisis moral.[75] Daniel Gillès, como la mayoría de biógrafos, considera que esta crisis, nacida sobre todo de la obsesión por la muerte, es la más grave que sufrió el escritor:

> Es como un hombre obsesionado por la ineluctabilidad de la muerte, un hombre que cada vez que halla una razón de vivir —su mujer, sus hijos, su obra— oye en él la pregunta aterradora: ¿para qué?, ¿y después? Todo en la existencia, absolutamente todo, se funde en un mismo y definitivo fracaso: la enfermedad, la muerte, la nada. La vida no es más que una farsa trágica, que acaba en la podredumbre y las cenizas.[76]

Ante su crisis existencial vio una salida en la espiritualidad, y se convirtió en ese momento en un hombre religioso, un practicante modélico, a pesar de que su conversión no obedecía a los dogmas de la Iglesia ortodoxa rusa. Su opción era básicamente una respuesta ante la nostalgia de la fe, de querer sentir el peso y la profundidad que la fe tenía para el pueblo ruso, especialmente en las personas más sencillas. Se adhirió a la fe con el deseo de imitar a los campesinos rusos, de quienes admiraba la aceptación de cualquier tipo de adversidad: la pobreza, la enfermedad, el sufrimiento, la muerte. Tolstói creía que esa tranquilidad de

---

75 Michel Aucouturier apunta que en este período de crisis moral los médicos actuales habrían diagnosticado sin ningún tipo de duda un proceso depresivo, posiblemente asociado a la inmensa tensión intelectual a la cual estuvo sometido durante los quince años de redacción de *Guerra y paz* y *Anna Karenina*. M. Aucouturier, *Tolstoï*, París, Seuil, 1996.

76 D. Gillès, *Tolstoi*, Barcelona, Juventud, 1963, pp. 166-167.

espíritu era debida a sus creencias y prácticas religiosas. Su reconocimiento a los campesinos queda muy bien reflejado en ese texto de la *Confesión*:

> Me di cuenta de que, si quería vivir y comprender el sentido de la existencia, era preciso buscarlo, no entre los hombres que lo han perdido y quieren matarse, sino entre esos miles de millones de personas que han vivido y viven todavía, que crean la vida y llevan sobre sí el peso de su existencia y de la nuestra. Consideré a la enorme masa de gente sencilla, analfabeta y pobre, que ha vivido y vive todavía, y vi algo totalmente diferente.[77]

Debido a su crisis de madurez Tolstói abandona la literatura y escribe textos de carácter religioso. En sus obras presenta su interpretación del mensaje de Cristo. Lev nunca pensó en realidad que el desarrollo de su pensamiento religioso se acabaría convirtiendo en una nueva religión, el «tolstoismo», que ya había imaginado durante el período de juventud. Su ideario era tan seductor que empezaron a nacer y extenderse las comunidades tolstoianas o, dicho de otro modo, colonias agrícolas que intentaban poner en práctica las ideas, los principios morales y religiosos del maestro de las letras rusas.

La obsesión, el miedo, el interrogante ante la muerte catapultan al escritor a desarrollar su propio pensamiento moral, recogido en una amplia obra filosófico-religiosa. Antonio Ríos señala que «Tolstói no puede vivir con la idea de la muerte y de la nada como centro»,[78] y por ello la fe le ayuda a salir de este callejón sin salida. Para Ríos, la religiosidad de Tolstói «se funda en buena medida en buscar una salida directa ante el horror que

---

77 L. Tolstói, *Confesión*, 4.ª ed., Barcelona, Acantilado, 2010, pp. 79-80.
78 A. Ríos, *Lev Tolstói. Su vida y su obra*, Madrid, Rialp, 2015, p. 356.

es la muerte».[79] Ciertamente, el problema de la muerte conduce al pensador ruso a teorizar sobre la instauración del reino de Dios en la tierra, el reino del amor, a partir del seguimiento auténtico de la doctrina de Cristo, que permite al mismo tiempo un encuentro con Dios. El amor, vivir para los otros, no es tan solo un simple acto de fraternidad humana, es a la vez un acto de salvación. Debemos tener presente que en la filosofía moral de Tolstói el sentido de la vida va estrechamente ligado al sentido de la muerte, por ello relaciona el amor (el reino de Dios) con la muerte (la vida eterna), a pesar de que la concepción de eternidad no coincida, en absoluto, con la teología cristiana ortodoxa.

La muerte es una idea persistente en la vida del escritor ruso, su esclavitud, en palabras de Zweig. A pesar de esta constatación es importante subrayar que el desarrollo y la racionalización de su pensamiento moral ayudaron a controlar la angustia vital, producida por la idea de la muerte, sobre todo al final de la vida, cuando él mismo es capaz de escribir en su *Diario*, casi como Sócrates, que tan agradable sería continuar en esta vida como en la otra. En el ocaso de su vida, Lev, a diferencia de Sartre o Camus, al dotar la muerte de sentido sustituye la ontología de la muerte existencialista por una ontología de la vida. Wladimir Troubetzkoy reafirma esta idea cuando escribe: «Nosotros somos, como dice Heidegger, seres-para-la-muerte: para Tolstói, nosotros somos seres-para-la vida».[80] Y es que el escritor ruso realmente hace un proceso interior muy intenso para dominar esta ansia torturadora ante la muerte y conferirle un sentido. Zweig recuerda que «en ninguna otra de sus obras trabajó Tolstói durante tanto tiempo y con tanta pasión como en su propia muerte».[81]

---

79 *Ibid.*
80 W. Troubetzkoy, «La Mort d'Ivan Ilitch: de la non-vie à la non-mort», en AA.VV., *Les récits de conversion*, París, Institut d'Études Slaves, 1998, p. 17.
81 S. Zweig, *Tres poetas de sus vidas, op. cit.*, p. 349.

La muerte en la novela corta de Tolstói

La biografía de Tolstói ayuda a comprender por qué la idea de la muerte está tan presente en su obra. Desde *Infancia* (1852) hasta las últimas páginas del *Diario* (1910), la reflexión sobre la muerte rezuma por todas partes, tanto en la obra literaria como en la filosófica. De acuerdo con Ortega y Gasset, podríamos decir que Tolstói solo «tiene una idea y la va exponiendo de múltiples maneras». La idea del perfeccionamiento moral en beneficio de la felicidad de la humanidad, que está en la base de su ética del cuidado, se estructura así: el ser humano puede escoger entre dos opciones morales, vivir para sí mismo o vivir para los demás. Quien toma el primer camino no conseguirá nunca la felicidad y no vivirá. En cambio, quien escoge el segundo camino será feliz y vivirá realmente, porque esa es la razón de la vida.

Del mismo modo que la obra de pensamiento de Tolstói es muy rica en reflexiones profundas alrededor de la muerte, la obra literaria está llena también de textos sobre la muerte. Según el biógrafo Henri Troyat, *La muerte de Iván Ilich* tiene una profundidad que ninguna disertación filosófica puede igualar. Para Troyat la literatura de Tolstói puede llegar a tener más carga filosófica que las mismas obras de temática filosófica. Y Martine de Courcel dirá que en esta obra de ficción Tolstói «expresa sus ideas más claramente que en cualquiera de sus obras teóricas».[82] También José María Sánchez, como Troyat y De Courcel, pone de relieve la idea de que *La muerte de Iván Ilich* «no es la obra de un escritor sino de un filósofo».[83]

Los estudiosos de Tolstói consideran que para comprender la cuestión de la muerte en la obra del escritor ruso no basta con

---

82   M. de Courcel, *Tolstoï. L'impossible coïncidence*, París, Hermann, 1980, p.196.
83   L. Tolstói, *La muerte de Iván Ilich. Historia de un caballo*, 2.ª ed., Madrid, Siruela, 2011, p. 16.

analizar su prosa filosófico-religiosa, sino que se debe recurrir a sus novelas, porque también están construidas a partir de unos fundamentos morales o religiosos. Es evidente que en sus tres novelas más importantes, *Guerra y paz*, *Anna Karenina* y *Resurrección* la muerte es un tema recurrente, pero para analizar la representación de la muerte en la obra literaria de Tolstói hay que acudir, como mínimo, a tres relatos breves: *Tres muertes* (1858), *La muerte de Iván Ilich* (1886) y *Amo y criado* (1895).

La primera obra, *Tres muertes*, pertenece al período previo a la crisis existencial del escritor. Se trata de un texto de gran belleza literaria y profundidad moral. Tolstói escribe *Tres muertes* veintiocho años antes de *La muerte de Iván Ilich*, y con *Amo y criado* la separan treinta y siete años. Aun así, a pesar de ser un texto temprano y previo a lo que el escritor denomina su «segundo nacimiento», ya contiene los fundamentos del pensamiento tolstoiano en relación con la muerte.

Tres muertes es un relato muy breve que narra la muerte de una dama rica, un *mujik* (campesino) y un árbol. La primera muerte que se produce es la del viejo *mujik*, Fiódor, que había ejercido de cochero de las clases burguesas. Ese «hombre sencillo» vive la muerte con serenidad, como si fuera parte de la vida. El *mujik* sabe que morirá y por ello regala sus botas a otro cochero, a cambio que le compre una lápida cuando muera. Fiódor, con un cuerpo destrozado por la enfermedad, expresa con naturalidad cuál es su situación: «Me duele todo. Ha llegado mi hora, de esto se trata. ¡Ay, ay, ay!».[84] Poco después de pronunciar esas palabras llenas de conciencia de muerte, expira con dolor físico, pero con tranquilidad de espíritu.

La mujer rica, miembro de la burguesía, se revela contra la muerte, contra la separación del lujo. En esta segunda muerte,

84   L.N. Tolstói, *Tres muertes*, en L.N. Tolstói, *Relatos*, 3.ª ed., Barcelona, Alba, 2013, p. 95.

tanto el marido como el médico y el sacerdote construyen una mentira para hacerle creer a «la señora» que vivirá, a pesar de que su muerte es inminente debido a la tuberculosis que sufre. Ella vive la muerte con horror y ejerce una fuerte tiranía hacia su esposo, por eso el marido —en una situación de mentira incontrolable— dice al médico: «Hablarle de su situación sería matarla». Y el médico responde que «ya está muerta. [...] Una persona no puede vivir sin pulmones. [...] Lo que se requiere es un sacerdote».[85] El religioso que se persona en el domicilio de la familia prosigue con el engaño y la mentira construida alrededor de la enferma. Así, antes de entrar a verla explica a la familia lo que le dirá:

> Le contaré una cosa: en mi parroquia había un enfermo que estaba mucho peor que María Dmítrievna; pues bien, un simple tendero lo curó en poco tiempo con la ayuda de unas hierbas. Y ese tendero actualmente se encuentra ahora en Moscú. Ya le he dicho a Vasili Dmítrievich [el marido] que se podía hacer una prueba. Al menos, sería un consuelo para la enferma. Para Dios todo es posible.[86]

Y el relato continúa con esta escena: «El médico se acercó a ella y le cogió la mano. Era evidente que el pulso se hacía cada vez más débil. Le hizo una señal al marido. La enferma se dio cuenta y miró a su alrededor con espanto».[87] Y murió al poco tiempo sin haber encontrado ningún sentido a la muerte. La tercera muerte es la del árbol que tiene que servir para poner una cruz en la tumba del *mujik*; el árbol muere cediendo el paso a otros árboles, tranquilamente y bellamente porque forma parte de la misma naturaleza.

85 *Ibid.*, p. 90.
86 *Ibid.*, p. 97.
87 *Ibid.*, p. 99.

La muerte de Iván Ilich es la primera expresión literaria después de la crisis espiritual de Tolstói. Esa novela corta está escrita en un período en el cual el autor empieza a encontrar algún sentido en sus torturas espirituales y morales. Está inspirada en la muerte real de Iván Ilich Mechnikov, un juez del tribunal de Tula que fallece en 1881. El hermano del difunto explicó la historia de este hecho al mismo Tolstói, que con el tiempo descubrió un filón artístico-filosófico. Inicialmente, como señala Henri Troyat, el escritor ruso había pensado en un relato basado en la idea de un diario de un hombre luchando contra la muerte que acaba abandonándose. Pero el diario se convierte después en una novela.

La idea central de esta novela, que se analizará más a fondo en el próximo capítulo, es una crítica mordaz contra la sociedad burguesa de finales del siglo xix. *La muerte de Iván Ilich* no es una obra didáctica como *Tres muertes* sino, como apunta Dominique Fache, es un relato de una gran crueldad. Con todo, la idea principal de *Tres muertes*, desarrollada en otro contexto y en otra trama, se reproduce en *La muerte de Iván Ilich*. Iván, el protagonista de este relato sencillo, profundo y conmovedor, se encuentra de repente ante la muerte, después de haber vivido una vida vulgar, trivial y sin sentido. La proximidad de la muerte le hace tomar conciencia de que no ha vivido, que su vida ha sido precisamente una muerte en vida. Aun así, a diferencia de la dama rica del relato anterior, ante la nueva situación Iván Ilich revive con el pensamiento toda su vida y se cuestiona si su forma de vivir ha sido realmente como debía haber sido. Por otro lado, los valores del viejo cochero de *Tres muertes* quedan encarnados en *La muerte de Iván Ilich* en el *mujik* Gerasim, quien cuida y asiste al enfermo de una manera tan natural y generosa que el cuidado se transforma en algo sublime. Y en medio del tormento de la enfermedad, Iván Ilich experimenta la incomprensión y el rechazo de la familia; solo encuentra consuelo cuando está acompañado por Gerasim, un campesino, o lo que es lo mismo, un esclavo de la Rusia zarista.

El relato *Amo y criado* es una parábola sobre el amor. El egoísmo y la avaricia, que encarnan las características de la burguesía, conducen a la muerte moral, incluso a la muerte física; en cambio el sacrificio hacia el otro conduce a la vida. En esa novela corta, menos cruel y más poética que *La muerte de Iván Ilich*, también se produce la metamorfosis de uno de los protagonistas. Romain Rolland resume el argumento moral de la obra como «la transformación sublime de un hombre egoísta y cobarde, como resultado de un impulso de sacrificio».[88] El argumento del relato consiste en que Vasili Andreich, el amo, desea comprar un bosque en un lugar cercano a sus tierras para aumentar sus ingresos económicos. Vasili, junto con su criado Nikita, que es un *mujik* bebedor pero que ama la naturaleza y habla con los animales como si fueran personas, viajan con un trineo tirado por un caballo para realizar la compra. El caballo se llama Mujorti, y al estilo de *Tres muertes*, es el tercer protagonista de la historia. Durante el camino se desata una tormenta de nieve y deben optar rápidamente entre dos caminos, uno corto pero inseguro, o bien uno largo pero seguro. Nikita apuesta por el segundo, pero Vasili, preocupado porque nadie se le adelante en la compra del bosque, elige temerariamente el primero. Naturalmente, se impone la voluntad del amo, pero en este camino los sorprende una tormenta aún más intensa, se pierden y tienen que pasar la noche a la intemperie:

> [Vasili] no tenía ganas de dormir, así que se puso a pensar en lo único que daba sentido a su existencia y constituía su alegría y su orgullo: cuánto dinero había amasado y cuánto podía amasar aún. [...] Y cómo podía acumular todavía más, mucho más. La adquisición del

88   R. Rolland, *Vida de Tolstói*, Barcelona, Acantilado, 2010, p. 147.

bosque de Goriáchkino revestía una enorme importancia para él. Tenía la esperanza de obtener un beneficio inmediato de acaso diez mil rublos.[89]

Vasili no quiere morir, en cambio Nikita —como Fiódor en *Tres muertes*— no está nada preocupado por la muerte. El ambiente helado de la noche es tan intenso que el amo decide proteger el caballo del frío, antes que a Nikita, pensando que esa acción le puede ser de mayor utilidad. Vasili solo piensa en él y en cómo se salvará:

> ¡No puedo quedarme aquí tumbado, esperando la muerte! Es mejor que me monte en el caballo y me vaya —le vino de pronto a la cabeza—. Con un jinete solo el caballo no se parará. A él no le importa morir —se dijo, refiriéndose a Nikita—. Para la vida que lleva, lo mismo le da; pero a mí, gracias a Dios, me quedan muchas cosas para hacer... [...] Nikita no se había movido. Como todos los hombres que viven en contacto con la naturaleza y han pasado necesidades era paciente y podía esperar con calma horas, e incluso días, sin experimentar inquietud ni irritación.[90]

Cuando la conciencia de la proximidad de la muerte se ha instalado realmente en el alma de Vasili, este, que se había alejado, vuelve al lugar donde está el trineo, el caballo y Nikita, decide cubrir al *mujik* con su pelliza y estirarse encima del moribundo para transmitirle calor. El amo se transforma ante la inminencia de la muerte, el bosque de Goriáchkino ya no tiene ninguna importancia en comparación con Nikita. Cuando «ella» llega, cuando se da cuenta de que no la puede esquivar, se tiende sobre el cuerpo rígido del campesino. En ese momento Vasili

---

89   L.N. Tolstói, *Amo y criado*, Barcelona, Alba, 2011, p. 63.
90   *Ibid.*, pp. 73-75.

comprendió que se estaba muriendo, pero tampoco eso lo apenó. Se acordó de que Nikita yacía debajo de él, de que había entrado en calor y estaba vivo, y tuvo la impresión de que él era Nikita y que Nikita era él, y que su vida no estaba en sí mismo, sino en Nikita.[91]

La historia finaliza con la muerte de Vasili, el amo, y Mujorti, el caballo. Nikita, a pesar de que le tienen que amputar tres dedos, vive veinte años más. En el análisis de esta obra, Antonio Ríos considera que el gesto de Vasili representa «la fusión entre el cielo y la tierra, la fusión entre las diferencias sociales», y de esta fusión nace la verdadera compasión.[92] La relación entre Vasili y Nikita recuerda la relación entre Iván Ilich y Gerasim. Según Mireille Zanuttini, el relato es una metáfora de como la muerte da la vida, por ello cuando Vasili Andreich dice sí a la muerte, dice sí a la vida. Y de ese modo Tolstói expresa, con toda su fuerza, la idea lógica de su doctrina: cuando el hombre se sacrifica, es decir, cuando vive para los demás con amor, es más fuerte que la muerte.[93]

La muerte como desencadenante de la filosofía moral de Tolstói

La filosofía moral de Tolstói nace precisamente de su temor a la muerte, un miedo que como hemos visto lo acompaña desde niño hasta su crisis de madurez. Para el pensador ruso buscar y encontrar un sentido a la vida es lo más importante, lo esencial, porque sin sentido no hay felicidad. Tolstói sale de su crisis existencial, que lo lleva al borde del suicidio, gracias a una experien-

91 *Ibid.*, p. 90.
92 A. Ríos, *Lev Tolstói, op. cit.*, p. 383.
93 M. Zanuttini, «La mort donne la vie (Maître et serviteur)», en AA.VV., *Tolstoï et la mort*, París, Institut d'Études Slaves, 1986, p. 89.

cia —muy personal— de fe que le ayuda a encontrar un sentido a la vida. En *Confesión*, un relato de conversión que es todo un himno a la razón y al amor, Tolstói describe su lucha interior de acercamiento a Dios. Él mismo nos dice que solo vive verdaderamente cuando siente y busca a Dios y expone por qué la fe tiene tanto valor en su vida: «Llegué a la fe porque, con excepción de esta, no había encontrado nada, absolutamente nada, sino la muerte, por eso me era imposible rechazar esa fe, y me sometí».[94] André Suarès hace una interpretación de la vida, de Dios y de la felicidad de Tolstói que, guste o no, hay que escuchar a pesar de su crudeza: «Su vida es triste, y a pesar de que Dios sea con él, su felicidad es una felicidad que nace de la desesperación».[95]

La fe le permite encontrar el sentido de la vida. Se trata de un sentido que conlleva un sistema de vida que correlaciona la propia felicidad con la felicidad de los demás. Esta es la tesis central que defiende en su ensayo filosófico *De la vida*. Desde una perspectiva antropológica Lev considera que el ser humano está dotado de razón y de amor, y que tiene dos opciones morales, vivir por sí mismo, con el objetivo de conseguir solo satisfacciones individuales (fortuna, honores, rangos), o bien seguir la razón que le ordena sacrificar el bien individual para conseguir lo que el designa como *blago*,[96] aquello que es bueno para todos, la felicidad general de la humanidad. Para el moralista ruso, quien toma el primer camino, el de vivir por sí mismo, no podrá llegar nunca a la felicidad y no vivirá. En cambio, quien escoge el se-

94 L. Tolstoi, *Confesión, op. cit.*, p. 128.

95 A. Suarès, *Tolstoï*, París, Union pour l'action morale, 1899, p. 7.

96 «¿Qué significa *blago* ["la felicidad" o "el bienestar"]? (Solo en ruso conozco una palabra que exprese ese concepto.) *Blago* es aquello que es verdaderamente bueno, lo que es bueno para todos, *le bien véritable, le bien de tous, what is good for everybody*». L. Tolstói, *Diarios (1895-1910)*, Barcelona, Acantilado, 2003, p. 60.

gundo camino, el del amor y la felicidad de los otros, será feliz y vivirá realmente, porque esta es la razón de la vida. Alexander Craufurd sostiene que para Tolstói esta elección va ligada a una acción racional: «La razón, tal como él la entendía, estaba estrechamente y vitalmente conectada con nuestra vida ética».[97] André Cresson expone muy bien la idea del pensador ruso sobre la vida auténtica:

> Para vivir feliz, es decir, para vivir verdaderamente, hace falta pues, de una vez por todas, dejar de ocuparse de uno mismo y trabajar exclusivamente por la felicidad del otro. Toda vida egoísta es el resultado de un falso cálculo y es lo opuesto a una vida. Solo la vida del amor es el resultado de un cálculo justo de nuestro interés real. Esta es la vida verdadera.[98]

La vida verdadera fundamentada en el amor a los demás y en el deseo de felicidad de la humanidad entera es el origen de la felicidad humana. Ossip-Lourié describe con acierto la concepción tolstoiana sobre el amor:

> Todos los hombres conocen el sentimiento que resuelve todas las contradicciones de la vida humana y da el bien supremo al hombre: este sentimiento es el *amor*. [...] El amor es la única actividad razonable del hombre. Amar significa hacer el bien. [...] El principio del amor, su razón, no es como uno se lo imagina ordinariamente, un impulso de pasión que oscurece la razón; es al contrario el estado del alma más racional y más luminoso, el más apaciguado y el más dichoso que existe. [...] El verdadero amor tiene siempre como base la renuncia al bien individual, y como consecuencia el sentimiento de

97 A.H. Craufurd, *The religion and ethics of Tolstoy*, Londres, T. Fisher Unwin, 1912, p. 55.
98 A. Cresson, *Léon Tolstoï. Sa vie, son œuvre, sa philosophie*, París, Presses Universitaires de France, 1950, p. 47.

benevolencia hacia el otro. [...] El amor solo es digno de este nombre cuando es un sacrificio de sí mismo. Y es porque este amor existe en el corazón de los hombres que el mundo puede subsistir. El verdadero amor es la vida misma.[99]

Tolstói siempre habla del amor a los demás, y la felicidad que proviene de los demás es la que da tranquilidad de espíritu, incluso ante la muerte, porque, para el escritor ruso, quien vive en el amor no muere. Cómo expresa Ríos, «su religiosidad se funda en buena medida en buscar una salida directa ante el horror que es la muerte».[100] En ese fragmento del *Evangelio abreviado* se refleja claramente este vínculo trascendente que Tolstói establece entre el amor y la muerte: «El hombre siente en su corazón que el amor al prójimo y el bien que le hace es la única vida verdadera, libre y eterna».[101] Cresson lo corrobora de este modo: «Sin amor, el hombre no puede vivir. [...] Aquel que ha vivido con amor por la humanidad sobrevive en ella para siempre puesto que el bien de los otros es su bien».[102] El ruso encuentra en el amor el sentido, esto es, una solución a la angustia vital producida por la experiencia humana de la finitud, pero esa supervivencia no tiene nada que ver con la inmortalidad del alma individual que defiende el cristianismo, ni admite la «resurrección» personal.[103]

99　M. Ossip-Lourié, *La philosophie de Tolstoï*, París, Félix Alcan, 1908, pp. 88-89.

100　A. Ríos, *Lev Tolstói*, *op. cit.*, p. 356.

101　L. Tolstói, *El evangelio abreviado*, Oviedo, KRK, 2009, p. 310.

102　A. Cresson, *Léon Tolstoï...*, *op. cit.*, p. 58.

103　«Tolstói en ningún momento respondió cuál era el destino del espíritu más allá de la muerte, pero se sabe que creía en la reencarnación eterna del alma y en su unión con Dios. Así pues, esta concepción panteísta de Tolstói, más cercana al hinduismo y al budismo que al cristianismo, invade su exégesis, de forma que todas las alusiones evangélicas a la filiación divina de Jesús y al Espíritu Santo son interpretadas como referencias a la divinidad que habita en cualquier hombre».

El sistema ético que Tolstói construye para que las personas hallen el sentido de la vida se inspira en el mensaje de Cristo. Tolstói se siente seducido por Cristo y cree que el seguimiento de sus enseñanzas es lo único que puede dar sentido a la vida. Sin embargo, a pesar de querer articular un pensamiento auténtico cristiano, «Tolstói no puede aceptar la divinidad de Cristo, que entiende como una falsa construcción teológica que oculta y enturbia el mensaje ético. Para Tolstói, Jesús fue simplemente un hombre, un filósofo».[104] Iván García nos permite aproximarnos a la concepción de Dios y de su relación con Jesús:

> Tolstói, que intentó llegar hasta el fondo del misterio de lo trascendente solo armado con su pensamiento lógico y racional, tuvo que reconocer que Dios es «el límite extremo de la razón», cuya existencia únicamente puede ser demostrada porque todo hombre tiene conciencia de Dios. Esta conciencia no nace del intelecto, ni del aprendizaje, ni de la educación, sino que es innata y divina. [...] La misión de Jesús fue mostrar a los hombres esta parte espiritual y enseñarles a entregarse a ella y a vivir según sus leyes.[105]

La moral tolstoiana, que consiste en buscar la felicidad mediante el amor a los demás, aparentemente no parece ni nueva ni original, porque se podría considerar una copia de las bases fundamentales del cristianismo. Aun así, con su mirada y su interpretación personal, el místico ruso plantea una moral propia, que se aleja mucho de la doctrina cristiana oficial. Rolland defiende que la filosofía y la fe de Tolstói no pueden ser originales, porque la belleza de los pensamientos sobre el amor es eterna

---

[L. Tolstói, *El evangelio abreviado*, *op. cit.*, pp. 19-20]. D. Nedeljkovic, «Quelle est ma foi? Et l'idéal de la vie authentique», en Institut d'Études Slaves, *Tolstoï philosophe et penseur religieux*, París, Institut d'Études Slaves, 1985, p. 15.
104   L. Tolstói, *El evangelio abreviado*, *op. cit.*, p. 18.
105   *Ibid.*, p. 19.

para aparecer como una novedad o una moda. Sin embargo, el francés ve la originalidad en su utopía, se entusiasmó ante la figura del profeta ruso, y exclama: «¡Ciegos, todos aquellos que no ven el milagro de esta gran alma, encarnación del amor fraternal en un siglo ensangrentado por el odio!».[106]

Para el poeta del amor universal hay que combatir el mal y trabajar por el bien y la felicidad de la humanidad *hic et nunc*, porque el paraíso se tiene que construir en la tierra, pues la vida auténtica consiste en el triunfo del reino de Dios en medio de la humanidad en el momento actual, no en el más allá. La vida feliz, en la concepción tolstoiana, se inserta plenamente en el presente. En su *Diario* escribe que para creer en la inmortalidad hay que vivir aquí una vida inmortal.

En este sentido, Ana María Rabe sostiene que en Tolstói la práctica del amor al otro es la única manera de superar las limitaciones de la vida y del límite final de la muerte. Para el gran escritor de las letras rusas la obsesión angustiosa de la muerte finaliza con el sentido del amor. Toda la filosofía moral de Tolstói tiene un fundamento en esencia religioso, todo se fundamenta en la idea del amor cristiano.

A modo de conclusión, podemos decir que la moral tolstoiana, inspirada en la figura y el ideal de Jesucristo y fundamentada en la fe (religión), exige un proceso personal de transformación para mejorar la humanidad. Tolstói cree que la vida mejora no por los cambios en las formas exteriores, sino solo por el trabajo interior de cada individuo sobre sí mismo. La moral tolstoiana, como toda moral, exige una especie de «conversión», que pivota sobre esa idea: hay que perfeccionarse individualmente para transformar el mundo. Se trata, naturalmente, de una transformación individual, ligada al corazón y al amor, que pretende aportar felicidad y bienestar al mundo, a la humanidad entera.

---

106   R. Rolland, *Vida de Tolstói*, *op. cit.*, p. 171.

En *La muerte de Iván Ilich* encontraremos condensadas y ejemplificadas todas las ideas de su filosofía moral. Es por ello por lo que dedicamos el próximo capítulo a analizar desde un punto de vista filosófico esa obra, porque al examinar el contenido y el sentido del relato nos acercamos al pensamiento moral que subyace tras su ética del cuidado.

APROXIMACIÓN A LA NOVELA
LA MUERTE DE IVÁN ILICH

Hay libros muy cortos que para entenderlos
como es debido se necesita una vida muy larga.

FRANCISCO DE QUEVEDO

La muerte de Iván Ilich es una obra maestra tanto de la literatura universal como del pensamiento filosófico, por ese motivo ha sido —y es— una novela muy elogiada. Inmediatamente después de su publicación, Vladímir Stàsov, «el gran crítico de Rusia» en palabras de Iván Turgueniev, escribió unas líneas a Lev Tolstói: «Ningún pueblo, de ninguna otra parte del mundo, posee una obra tan original. Todo es pequeño y mezquino en comparación con esas setenta páginas».[107] Daniel Gillès, biógrafo de Tolstói, también reconoce el valor de tal narración cuando afirma que es una «novela magistral, la mejor sin duda, que haya salido de su pluma», y el literato Vladimir Nabokov se suma a esta retahíla de elogios: «Este relato es la obra más artística, la más perfecta y la más refinada de Tolstói».[108] Mahatma

---

107 H. Troyat, *Tolstoï (3)*, Barcelona, Bruguera, 1984, p. 36.
108 V. Nabokov, *Curso de literatura rusa*, Barcelona, RBA, 2010, p. 365.

Gandhi también considera esta obra de Tolstói como la mejor novela de la literatura rusa.

Ante la cantidad de alabanzas que ha recibido esa pieza literaria del siglo xix, es lógico preguntarse qué tiene esta novela, aparentemente cruel y descarnada —la narración de una muerte prematura de un hombre que no quiere morir— que sea agradable para el lector, y se pueda considerar una de las mejores novelas cortas de todos los tiempos. Su valor se debe probablemente al hecho de que la escribió un genio de la palabra, y a través de su seductora belleza literaria nos sitúa ante las preguntas filosóficas más profundas de la existencia. La técnica literaria de Tolstói es tan brillante que mediante las vivencias de los protagonistas de la historia nos convierte, también a nosotros, en protagonistas de nuestra historia personal. La temática filosófica de *La muerte de Iván Ilich*, es decir, la reflexión sobre la vida y la muerte, es atemporal y universal.

La obra también se puede analizar desde la perspectiva de la ética del cuidado porque, a pesar de ser una novela supuestamente cruda, sitúa la compasión en una posición central, como tema nuclear. Ante la situación angustiosa de un burgués moribundo, un *mujik* llamado Gerasim se convierte en el protagonista de la compasión, por su manera de cuidar y de relacionarse con Iván Ilich. Gerasim es el modelo de hombre sencillo y humilde que vive para los demás y acepta la muerte como un hecho natural de la vida. El campesino de *La muerte de Iván Ilich* simboliza el *hombre eminentemente ético* teorizado ampliamente en su prosa filosófico-religiosa. En este sentido, Gerasim es el prototipo de la ética del cuidado de Tolstói.

El objetivo de este capítulo es aproximarse al contexto filosófico de *La muerte de Iván Ilich* para descubrir cómo esta breve novela es, más que una obra literaria, un pequeño tratado de filosofía moral que contiene las bases de una ética del cuidado aplicable a las profesiones del ámbito de las ciencias de la salud.

Esbozo argumental de la obra

Antes de entrar propiamente en el análisis de los aspectos más filosóficos de *La muerte de Iván Ilich* presentamos esquemáticamente el argumento de la obra. Según Gary R. Jahn, se han hecho y se están haciendo muchas interpretaciones diferentes de *La muerte de Iván Ilich*. Jahn hace un análisis interesante sobre la composición de la obra. Divide los doce capítulos en tres partes, de cuatro capítulos cada una.[109] El primer capítulo introduce el desarrollo de la obra, del segundo al cuarto se hace una descripción de la vida de Iván Ilich desde la infancia hasta llegar al punto culminante de la enfermedad, pasando por las vicisitudes de su carrera judicial y la boda. Abarca un período de más de cuarenta años. Del capítulo quinto al octavo se presenta el desarrollo de la enfermedad, los intentos para combatirla y la conciencia creciente de la proximidad de la muerte, un período que comprende unos cuantos meses. Los últimos cuatro capítulos, del noveno al duodécimo, relatan la decadencia final del protagonista y la agonía de la muerte. Se trata de un período de algo más de cuatro semanas.[110] Jahn también ilustra el paralelismo entre la temporalidad y el espacio. Del capítulo segundo al cuarto presenta al protagonista en el contexto de sus peregrinaciones profesionales, de pueblo en pueblo, hasta que lo sitúa en la ciudad —como premio a su promoción— en un elegante apartamento que él mismo decora. Del capítulo quinto al octavo se reduce el espacio de movilidad, e Iván queda confinado en su estudio. El proceso

---

109 G.R. Jahn (ed.), *Tolstoy's. The Death of Ivan Il'Ich. A Critical Companion*, Evanston, Northwestern University Press, 1999, pp. 24-26.

110 Grupo 1 (capítulos 1-4): 250-300 líneas; Grupo 2 (capítulos 5-8): 140-150 líneas; Grupo 3 (capítulos 9-12): 70-95 líneas. G.R. Jahn (ed.), *Tolstoy's. The Death of Ivan Il'Ich*, *op. cit.*, p. 25.

se completa durante los últimos cuatro capítulos, del noveno al duodécimo, en el sofá de su estudio en el cual muere. Así pues, a partir del esquema propuesto por Jahn, resumimos el argumento de la obra.

De la infancia a la enfermedad

Inicialmente la novela nos sitúa en el Palacio de Justicia, donde se anuncia la muerte de Iván Ilich Golovin a sus compañeros de judicatura. Ante los comentarios formales, el autor pone de relieve los pensamientos de esos funcionarios: «El sencillo hecho de enterarse de la muerte de un conocido suscitaba en los presentes, como siempre ocurre, una sensación de complacencia, a saber: "El muerto es él; no soy yo"».[111]

El relato continúa dando protagonismo a la figura de Pyotr Ivanovich, compañero de Iván Ilich, en el momento que se persona en casa del difunto para dar el pésame a la familia, más por compromiso que por otro motivo, ya que una vez allí Pyotr solo piensa cuándo podrá marcharse para ir a jugar a las cartas con Schwartz, otro compañero. En el encuentro de Pyotr con la viuda Praskovya Fyodorovna, ella le pregunta «cómo podía obtener dinero del fisco con motivo de la muerte de su marido».[112] Pero Ivanovich se limita a criticar la tacañería del Gobierno. Seguidamente saluda al resto de la familia y aguanta la ceremonia. «No miró al muerto una sola vez [...] y fue de los primeros en salir de allí».[113] Mientras Gerasim le da su pelliza aprovecha para establecer una breve conversación:

---

111   L. Tolstói, *La muerte de Iván Ilich. Hadyi Murad*, 4.ª ed., Madrid, Alianza, 2011, p. 17.

112   *Ibid.*, p. 25.

113   *Ibid.*, p. 26.

—¿Qué hay, amigo Gerasim? —preguntó Pyotr Ivanovich, por decir algo—. ¿Qué lástima! ¿Verdad?

—Es la voluntad de Dios. Por ahí pasaremos todos —dijo Gerasim.[114]

En el segundo capítulo se explica la historia de la vida del hombre que había muerto a los cuarenta y cinco años, siendo miembro de la magistratura. Se describen sus orígenes familiares y su etapa de estudiante en la Escuela de Jurisprudencia:

> Era ya en la Facultad lo que sería el resto de su vida: capaz, alegre, benévolo y sociable, aunque estricto en el cumplimiento de lo que se consideraba su deber; y, según él, era deber todo aquello que sus superiores jerárquicos consideraban como tal.[115]

Iván Ilich sale de la Facultad como funcionario de décima clase, y se pone a trabajar como ayudante del gobernador de una provincia, una plaza que le ha conseguido su padre. Al cabo de cinco años le ofrecen el cargo de juez de instrucción y él acepta, a pesar de tener que trasladarse a otra provincia. Dos años más tarde conoce a su futura esposa Praskovya Fyodorovna. Ella se enamora en seguida de Iván Ilich, él no lo tiene tan claro, pero al final decide casarse:

> Praskovya Fyodorovna, de buena familia hidalga, era bastante guapa y tenía algunos bienes. [...] Iván Ilich se casó por ambas razones: sentía sumo agrado en adquirir semejante esposa, a la vez que hacía lo que consideraban correcto sus más empingorotadas amistades.[116]

114 *Ibid.*
115 *Ibid.*, p. 29.
116 *Ibid.*, p. 34.

El texto narra la relación entre ambos. Vemos que la felicidad conyugal dura poco. Praskovya Fyodorovna le exige que se quede en casa con ella y lo trata groseramente; Iván Ilich

> comprendió que el matrimonio —al menos con una mujer como la suya— no siempre contribuía a fomentar el decoro y la amenidad de la vida, sino que, al contrario, estorbaba el logro de ambas cualidades, por lo que era preciso protegerse de semejante estorbo.[117]

A medida que la vida familiar de Iván Ilich se vuelve menos soportable para él, transfiere el centro de gravedad de su propia vida al trabajo. Por ello al cabo de tres años lo ascienden a fiscal adjunto. Después de siete años en aquella ciudad finalmente lo trasladan a otra provincia con cargo de fiscal. A pesar de que el sueldo es superior, a su esposa le desagrada el nuevo destino. La vida familiar se hace cada vez más complicada, sobre todo por la muerte de dos hijos. Aun así, en el nuevo destino residen siete años. Durante ese período muere otro hijo. A Iván y Praskovya todavía les queda una hija de dieciséis años y un hijo en edad escolar.

En el tercer capítulo se describe la angustia de la familia por un nuevo traslado con el objetivo de mejorar su situación económica, puesto que el hecho de vivir por encima de sus posibilidades ha llevado a Iván Ilich a contraer algunas deudas. Finalmente, el protagonista consigue una nueva plaza de cinco mil rublos de sueldo; hasta aquel momento cobraba tres mil quinientos. El ascenso profesional da oxígeno al matrimonio. Iván Ilich encuentra un piso maravilloso que él mismo se responsabiliza de arreglar, pero en medio del trasiego de la mudanza sufre un fatídico accidente:

---

117   *Ibid.*, p. 36.

Una vez, al trepar por una escalerilla de mano para mostrar al tapicero —que no lo comprendía— cómo quería disponer los pliegues de las cortinas, perdió pie y resbaló, pero siendo hombre fuerte y ágil, se afianzó y solo se dio con un costado contra el tirador de la ventana. La magulladura le dolió, pero el dolor se le pasó pronto.[118]

La caída de la escalera fue tan espectacular, que lo cuenta así a Praskovya Fyodorovna: «No en vano tengo algo de atleta. Otro se hubiera matado, pero yo solo me di un golpe aquí… mirad. Me duele cuando lo toco, pero ya va pasando… No es más que una contusión».[119] Cuando ya no queda nada por instalar en el piso, empieza a vivir una situación de aburrimiento. Iván Ilich arrastra una vida rutinaria de funcionario y hombre de familia. Las tensiones familiares, especialmente con su esposa, son habituales. Su círculo de amistades está formado por lo mejor de la sociedad. Y el joven Fiódor Petrovich, un juez de instrucción, empieza a cortejar a su hija. Y así van trascurriendo sus vidas.

En el cuarto capítulo empieza la enfermedad de Iván Ilich. Se narra que el protagonista de vez en cuando tiene un gusto extraño en la boca, y una molestia en el lado izquierdo del vientre. Este malestar va aumentando y acentúa su mal humor. Praskovya Fyodorovna lo encuentra insoportable. Al final Iván Ilich le cuenta que está enfermo y ella le exige que vaya al médico. Aun así, el médico que lo atiende es poco claro en el diagnóstico, e Iván Ilich llega a la conclusión de que su estado es grave. «El malestar que sentía, ese malestar sordo que no cesaba un momento, le parecía haber cobrado un nuevo y más grave significado a consecuencia de las oscuras palabras del médico».[120]

118   *Ibid*., p. 45.
119   *Ibid*., p. 46.
120   *Ibid*., p. 55.

El dolor no lo abandona y se siente lleno de rabia. Visita otro médico de prestigio, pero solo consigue aumentar sus dudas. El funcionario, en ese momento, toma conciencia de que le pasa algo terrible, nuevo y tan serio, como nunca le ha pasado antes. Es el único que lo sabe. Su esposa lo culpa de la enfermedad que sufre y él se siente un estorbo para toda la familia. Su trabajo en el tribunal es un suplicio, y hay días que se encuentra tan mal que debe quedarse en casa «y vivir así, solo, al borde de un abismo, sin nadie que le comprendiese ni se apiadase de él».[121]

De la enfermedad a la conciencia de la proximidad de la muerte

En el quinto capítulo se confirma la gravedad de la enfermedad de Iván Ilich a través de la visita del cuñado. Después de haberlo observado, el familiar dice a Praskovya Fyodorovna: «¿Cómo que exagero? ¿Es que no ves que es un muerto? Mírale los ojos… no hay luz en ellos».[122]

Iván Ilich, que está realmente preocupado por la reacción que ha visto en su cuñado y la conversación que ha escuchado entre los dos hermanos, decide visitar otro médico, que le dice que esa «cosita» que hay al intestino ciego se puede curar. Pero a pesar de esas palabras alentadoras por parte del médico, Iván Ilich —en una situación de mucho dolor— exclama:

> ¡El apéndice vermiforme! ¡El riñón! —dijo para sus adentros—. No se trata del apéndice o del riñón, sino de la vida y… la muerte. Sí, la vida estaba ahí y ahora se va, se va, y no puedo retenerla. Sí. ¿De qué

121 *Ibid.*, p. 61.
122 *Ibid.*, p. 63.

sirve engañarme? ¿Acaso no ven todos, menos yo, que me estoy muriendo, y que solo es cuestión de semanas, de días... quizá ahora mismo? [...]

Cuando ya no exista, ¿qué habrá? No habrá nada. Entonces ¿dónde estaré cuando no exista? ¿Es esto morirse? No, no quiero. [...] La muerte. Sí, la muerte. Y esos no lo saben, ni quieren saberlo, y no me tienen lástima.[123]

Iván Ilich sabe perfectamente lo que le ocurre, y aunque tiene necesidad de compartirlo, decide no explicárselo a su esposa porque está convencido de que no lo entendería, y tampoco querría entenderlo, puesto que hay una gran distancia entre ellos.

El sexto capítulo presenta la desesperación de Iván Ilich ante la muerte *(ella)*, y el mismo protagonista se aplica el silogismo de Kiezewetter: «Los hombres son mortales, Gay es un hombre, por lo tanto Gay es mortal». Ahora Gay, el hombre mortal, es él, y procura alejar este pensamiento falso, erróneo y doloroso por otros agradables, pero la realidad —llena de dolor y soledad— se le encara de nuevo. Situado en medio de la sala donde había caído aquel día se dice:

—Y es cierto que fue aquí, por causa de esta cortina, donde perdí la vida, como en el asalto a una fortaleza. ¿De veras? ¡Qué horrible y qué estúpido! ¡No puede ser verdad! ¡No puede serlo, pero lo es!

Fue a su despacho, se acostó y una vez más se quedó solo con *aquello:* de cara a cara con *aquello.* Y no había nada que hacer, salvo mirarlo y temblar.[124]

En el capítulo séptimo ya se describe la situación a partir del tercer mes de la enfermedad. Iván Ilich es plenamente consciente

---

123   *Ibid.*, pp. 65-66.
124   *Ibid.*, p. 72.

de que lo único que desea todo el mundo es que los libere de las molestias que les causa su presencia, y al mismo tiempo él se quiere liberar de sus sufrimientos. En este capítulo aparece la figura de Gerasim, el criado que lo cuida, que lo comprende. Gerasim es el único que no miente, ya que los médicos, la familia y las amistades habían construido una gran mentira: que Iván Ilich no se moría. No obstante, al moribundo

> le atormentaba esa mentira, le atormentaba que no quisieran admitir que todos ellos sabían que era mentira y que él lo sabía también, y que le mintieran acerca de su horrible estado y se aprestaran —más aún, le obligaran— a participar en esa mentira. [...] Esa mentira en torno suyo y dentro de sí mismo emponzoñó más que nada los últimos días de la vida de Iván Ilich.[125]

El octavo capítulo es especialmente crudo porque narra el gran sufrimiento de Iván Ilich causado por el dolor implícito de la enfermedad, el sufrimiento por la angustia ante la muerte, la mentira constante de su entorno, la culpabilidad que le genera Praskovya Fyodorovna, la sensación de estorbo en el cortejo social de su hija. El juez transmite con veracidad su dolor y expresa con mucha fuerza su deseo de romper con aquella mentira y aclararlo absolutamente todo, porque él ya no puede más:

> El mismo dolor y el mismo terror de siempre, ni más ni menos penoso que antes. Todo era peor. Una vez más los minutos se sucedían uno tras otro, las horas una tras otra. Todo seguía lo mismo, todo sin cesar. Y lo más terrible de todo era el fin inevitable.[126]

---

125 *Ibid.*, pp. 77, 79.
126 *Ibid.*, p. 89.

Del deterioro a la muerte

El capítulo noveno continúa con el relato estremecedor de la enfermedad de Iván Ilich: el dolor, la soledad, el llanto. También la percepción de la crueldad de la gente y de Dios. Aquí el moribundo escucha la voz del alma que lo interroga sobre la manera en que ha vivido antes de la enfermedad. Y de su vida pasada solo salva —como algo agradable— la infancia. El resto le parece un absurdo y una mezquindad. Y en este diálogo con su «alma», al final llega la gran pregunta y la imposibilidad de una respuesta satisfactoria:

—Quizá haya vivido como no debía —se le ocurrió de pronto—. Pero ¿cómo es posible, cuando lo hacía todo como era menester? —se contestó a sí mismo, y al momento apartó de sí, como algo totalmente imposible, esta única explicación de todos los enigmas de la vida y la muerte. [...] —¿Por qué, a qué viene todo este horror?—. Pero por mucho que preguntaba no daba con la respuesta. Y cuando surgió en su mente, como a menudo acontecía, la noción de que todo eso le pasaba por no haber vivido como debiera, recordaba la rectitud de su vida y rechazaba esa peregrina idea.[127]

El capítulo décimo transcurre después de dos semanas. Iván Ilich ya no se levanta del sofá y continúa sufriendo mucho en la más dura soledad. Aun así, sigue pensando en la cuestión irresoluble de siempre:

—¿Qué es esto? ¿De veras que es la muerte? —Y la voz interior le respondía—: Sí, es verdad. ¿Por qué estos padecimientos? —Y la voz respondía—: Pues porque sí. Y más allá de esto, y salvo esto, no había otra cosa. [...] —esperó esa caída espantosa, el choque y la

---

127 *Ibid.*, pp. 93-94.

destrucción—. La resistencia es imposible —se dijo—. ¡Pero si pudiera comprender por qué! Pero eso también es imposible. Se podría explicar si pudiera decir que no he vivido como debía. Pero es imposible decirlo —se declaró a sí mismo, recordando la licitud, corrección y decoro de toda su vida—. [...] ¡No hay explicación! Sufrimiento, muerte... ¿Por qué?[128]

En el undécimo capítulo, dos semanas después, a pesar de la petición de mano que había hecho Petrovich y que era motivo de alegría, Iván Ilich continúa gimiendo de dolor, y se muestra irritado con su familia. Los médicos habían informado que Iván estaba muy enfermo y que había que darle morfina para aliviar sus dolores, pero para el enfermo lo más terrible eran sus sufrimientos morales, la angustia, por si no había vivido su vida «como debía». Este proceso implica una escena religiosa, forzada por Praskovya Fyodorovna, su esposa:

> Su mujer se acercó a él y le dijo:
> —*Jean*, cariño, hazlo por mi (¿por mí?). No puede perjudicarte y con frecuencia sirve de ayuda. ¡Si no es nada! Hasta la gente que está bien de salud lo hace a menudo...
> Él abrió los ojos de par en par.
> —¿Qué? ¿Comulgar? ¿Para qué? ¡No es necesario! Pero por otra parte...
> Ella rompió a llorar.
> —Sí, hazlo, querido. Mandaré por nuestro sacerdote. Es un hombre tan bueno...
> —Muy bien. Estupendo —contestó él.
> Cuando llegó el sacerdote y le confesó, Iván Ilich se calmó y le pareció sentir que se le aligeraban las dudas y con ello sus dolores, y durante un momento tuvo una punta de esperanza. Volvió a pensar

128   *Ibid*., pp. 95, 97-98.

en el apéndice y en la posibilidad de corregirlo. Y comulgó con lágrimas en los ojos.[129]

El último capítulo, el duodécimo, empieza con el aterrador grito de Iván Ilich, porque ha llegado su fin. «A partir de ese momento empezó un aullido que no se interrumpió, un aullido tan atroz que no era posible oírlo sin espanto a través de dos puertas».[130] Un grito en el cual se oye: «¡No lo quiero!», un grito contra la muerte para no ser introducido en aquel «saco negro» por una fuerza invisible e insuperable, tragado por aquel agujero. Antes de su muerte Iván Ilich vive un momento de reencuentro agradable con su hijo, el único miembro de la familia por quien siente cierto afecto. Y en plena agonía todavía lo tortura el interrogante sobre «cómo debía haber vivido». Y entonces llega la última escena, el final. La muerte desaparece para dar paso a la luz.

—¡Este es el fin! —dijo alguien a su lado.

Él oyó estas palabras y las repitió en su alma. «Éste es el fin de la muerte —se dijo—. La muerte ya no existe».

Tomó un sorbo de aire, se detuvo en medio de un suspiro, dio un estirón y murió.[131]

El sentido filosófico de la obra

Aspectos filosóficos

Ya hemos avanzado que *La muerte de Iván Ilich* es la primera obra literaria de Tolstói después de su crisis existencial y está

---

129 *Ibid.*, p. 102.
130 *Ibid.*, p. 104.
131 *Ibid.*, p. 107.

inspirada en la muerte del juez del tribunal de Tula, Iván Ilich Mechnikov. Se trata de un relato del segundo período que alude sin duda al cambio de actitud de Tolstói ante la muerte.

En *Curso de literatura rusa* Vladimir Nabokov analiza *La muerte de Iván Ilich* desde una perspectiva filosófico-literaria, a partir de la comprensión del proceso espiritual del escritor ruso. Por ello explica que la filosofía tolstoiana posterior a *Anna Karenina* queda simbolizada por la idea de Dios: «Dios es en los hombres y Dios es el amor universal». Nabokov hace notar que se deben tener en cuenta los «datos espirituales para apreciar la filosofía del relato *La muerte de Iván Ilich*». En esa línea explica que el nombre del protagonista va ligado a esa filosofía; Iván es la forma rusa de Juan, y Juan en hebreo significa «Dios es bueno», «Dios es generoso». Ilich es un patronímico que quiere decir «hijo de Iliá», versión rusa del nombre Elías, que en hebreo significa «Yahvé es Dios».[132]

Una vez subrayada la importancia de la espiritualidad en Tolstói, Nabokov señala cuál es el sentido real de *La muerte de Iván Ilich*:

> En realidad esta no es la historia de la Muerte de Iván, sino la historia de la Vida de Iván. La muerte física que se describe en el relato forma parte de la vida mortal, no es sino la fase última de la mortalidad. Según Tolstói, el hombre mortal, el hombre personal, el hombre individual, el hombre *material*, va recorriendo su camino material hacia el cubo de la basura de la naturaleza; y según Tolstói, el hombre *espiritual* retorna a la región sin nubes de Dios-amor universal, esa morada de felicidad neutra tan cara a los místicos orientales. La fórmula tolstiana es: Iván vivió una mala vida, y puesto que una mala vida no es otra cosa que la muerte del alma, Iván vivió una muerte en vida; y puesto que más allá de la muerte está la luz viva

132 V. Nabokov, *Curso de literatura rusa*, *op. cit.*, p. 364.

de Dios, Iván murió naciendo a una nueva Vida, a una Vida con mayúscula.[133]

En la interpretación de Nabokov el novelista hace una asociación entre la mala vida y la muerte. Por eso de una vida como la de Iván Ilich solo se puede narrar la muerte: física o moral. No hay nada más a destacar. Y cuanto más vacía y ociosa ha sido esta vida, más crece el ansia para sobrevivir y combatir la muerte, «el no reconocer a la muerte y al sufrimiento como esencia de la vida hará que al sobrevenir la muerte y el dolor, toda la angustia se concentre en uno mismo, por la razón que no ha habido más que ese "uno mismo"».[134] La enfermedad de Iván Ilich, como recuerda Troyat, es el inicio de una angustia sin regreso.

Iván Ilich es un representante de la burguesía europea de finales del siglo XIX, un hombre mediocre, un funcionario cumplidor y escrupuloso, sin ideales, desprovisto de una religión, pero con algunos principios heredados de los padres, no roba, no es corrupto, no engaña a su mujer, vive de forma honesta. Es un hombre sin pensamiento propio, que vive la vida de una manera mecánica y automática, como la gente de su clase social. Se trata de una vida, como dice Rolland, lamentable y risible:

> Una vida (y como ella hay miles, miles) con ambiciones grotescas, tristes satisfacciones de amor propio que no dan ningún placer —«todo antes que pasar la velada solo o con su mujer»—, las decepciones de la carrera, los privilegios ilícitos que amargan y la verdadera felicidad: el *whist*. Y esa vida ridícula se pierde por una razón más ridícula aún: la caída de una escalera un día que Iván quería colgar una cortina en la ventana de la sala de estar.[135]

133 *Ibid*., pp. 364-365.
134 A. Ríos, *Lev Tolstói, op. cit.*, p. 374.
135 R. Rolland, *Vida de Tolstói, op. cit.*, pp. 137-138.

Rolland afirma que la vida del juez «se pierde por una razón ridícula: la caída de una escalera», pero Nabokov, desde la perspectiva tolstoiana de la vida auténtica, considera que Iván Ilich ya estaba muerto antes de colgar la cortina. Porque la vida mediocre e hipócrita que describe Rolland es precisamente lo que Nabokov denomina «la muerte en vida». Por ello, ante la asociación «mala vida = muerte» no debe sorprender que el autor juegue intencionadamente con la estructura de la obra situando el final (la muerte de Iván Ilich) al principio del relato, «el primer capítulo corresponde cronológicamente al final (la muerte) de la historia del héroe»,[136] porque el juez ya está muerto moralmente mucho antes de que lo sorprenda su muerte física. Esta distinción entre lo que representa «la vida» y «la vida auténtica» había pasado inadvertida a este funcionario gris mientras disfrutaba de buena salud. Y es precisamente cuando cae enfermo, cuando oye la voz de la muerte, que se pregunta con mucha fuerza si su vida ha sido simplemente «una vida» o «una vida auténtica».

Iván pierde «la vida» en un accidente con una escalera. La escalera podría simbolizar perfectamente la ambición del juez, el deseo de llegar hasta arriba en su vida vulgar y ordinaria, y precisamente cuando está en la cima le llega la muerte. La caída de la escalera es el punto de inflexión más importante de su vida, el momento en el cual surgen las grandes preguntas sobre el pasado y sobre el futuro. Por ello rememora cómo ha vivido su vida y se pregunta por qué el asalto de la muerte es inevitable.

Al recordar lo que ha sido su vida, solo encuentra destellos de felicidad en la infancia; después de la niñez se da cuenta de que, pensando triunfar, ha cultivado la infelicidad y el fracaso. Eduardo Dargent pone de relieve la forma en que Tolstói, a

---

136 B. Barros García, «La sublimación de la muerte en una sociedad en crisis: semiotización del conflicto social en "La muerte de Iván Ilich"», en N. Kréssova (ed.), *Lev Tolstói en el mundo contemporáneo*, Granada, Parteras, 2011, p. 118.

través del personaje principal, transmite la influencia de Rousseau sobre la visión de los más pequeños:

La infancia de Iván Ilich es feliz pues, como creía Tolstói, los niños sí pueden ver y sentir la verdad. Al ser educado, Iván Ilich pierde todo ello, se vuelve un perfecto ejemplo de todo lo que Tolstói considera innecesario y banal, y con ello pierde sus certidumbres. Por ello la pena al ver a su hijo y la paz al rememorar episodios de su vida de niño.[137]

Es más, Tolstói, igual que Jesús, reconoce la grandeza de los más pequeños, cuando relata que una hora antes de la muerte de Iván Ilich su hijo pequeño se escabulle, sin hacer ruido, donde yacía su padre y se acerca a su cama. Entonces la inocencia y la bondad del niño transforman a Iván Ilich: «El moribundo seguía gritando desesperadamente y agitando los brazos. Su mano cayó sobre la cabeza del muchacho. Este la cogió, la apretó contra su pecho y rompió a llorar».[138] Es una escena en la cual Tolstói reproduce, al pie de la letra, lo que Jesús había dicho: «Dejad que los niños vengan a mí, no se lo impidáis; pues el reino de Dios es de los que son como ellos» (Mc 10,14).

Sobre el proceso de muerte, Henri Troyat afirma que *La muerte de Iván Ilich* es una doble novela, la del cuerpo que se descompone y la del alma que se despierta, y es que la degeneración física implica una renovación espiritual. Ann Pasternak comparte esta idea, y la expresa de una manera muy filosófica: «Mientras la enfermedad le roba la dignidad física, la moral que iba cuesta abajo se rehace gradualmente».[139] Este renacer del

---

137 E. Dargent, «León Tolstói y su pensamiento político: una interpretación de "La muerte de Iván Ilich"», *Themis* 39 (1998), p. 308.
138 L. Tolstói, *La muerte de Iván Ilich. Hadyi Murad*, *op. cit.*, p. 105.
139 *Id.*, *The Death of Ivan Ilyich and Master and Man*, Nueva York, Modern Library, 2004, p. xxii.

alma provoca que al final de la novela se produzca una inversión de posiciones entre los personajes. Iván siente lástima, no compasión, por su familia porque se sitúa por encima de ellos. El enfermo descubre que la muerte no existe, y esa certeza lo lleva a esta especie de iluminación final, lo lleva a una nueva vida. La vida burguesa, caracterizada por el vivir «para sí mismo», se opone a la vida auténtica, la vida vivida «para los demás». Según Tolstói, como se pone de relieve en *La muerte de Iván Ilich*, quien opta por esta vida inauténtica o «para sí mismo», opta por vivir en una gran mentira. Como en *Tres muertes*, en *La muerte de Iván Ilich* la mentira surge por todas partes y es la causa de la infelicidad humana. Rolland sintetiza así lo que representa la mentira en el conjunto de la obra:

> Mentira de la vida. Mentira de la enfermedad. Mentira del médico sano, que solo piensa en sí mismo. Mentira de la familia, a la que la enfermedad desagrada. Mentira de la esposa, que finge entrega y calcula cómo vivirá cuando su marido haya muerto. Mentira universal a la que solo se opone la verdad de un criado compasivo que no intenta ocultar al moribundo su estado, y fraternalmente, le ayuda.[140]

Gerasim, el joven *mujik* que el escritor ya había anticipado en *Tres muertes*, es la representación de la sencillez y de la generosidad, la encarnación del vivir «para los demás», del amor al prójimo, tan propio del pensamiento moral de Tolstói. Y es en la figura de Gerasim que el autor nos conducirá a su ética del cuidado. El *mujik*, en contraste con las clases ricas, muestra otra manera de vivir, basada en la autenticidad, que rehúye el lujo, la apariencia, la superficialidad y la mentira. Empapado de simplicidad, vive para los otros y acepta la muerte como un hecho natural de la vida. El criado ayuda a Iván Ilich a comprender

---

140   R. Rolland, *Vida de Tolstói, op. cit.*, p. 138.

que el sentido de la vida consiste en el olvido de sí mismo para dedicarse a los otros; al lograr el verdadero sentido de la vida, en palabras de Elena Aparicio, desaparece la oscuridad de la muerte.[141] La bondad, personificada en el *mujik*, le produce una especie de iluminación espiritual. Iván Ilich se da cuenta de que lo único que puede hacer para los demás, para dejar de ser una carga para toda la familia, es morir y abrirse a una nueva vida.

Tanto el proceso de la enfermedad como de la muerte del juez son narrados por Tolstói con tanta fuerza e intensidad que, si no se hace una lectura atenta y profunda, pueden eclipsar el otro gran protagonista de la obra, Gerasim. Él encarna el modelo tolstoiano de *hombre eminentemente ético*, que pone en el centro de su vida, contrariamente a lo que había sido la vida de Iván Ilich, la compasión y el amor a los demás. En la novela, como en la vida real de la Rusia de Tolstói, los más simples, los más humildes, quienes pasan desapercibidos, son los seres más importantes, y quienes más pueden enseñar mediante la compasión qué es realmente la «vida auténtica».

La idea central del pensamiento de Tolstói es el amor, vivir para los demás, y la compasión es precisamente la expresión más clara de este amor. Gerasim vive según el ideal del amor; quien se aleja de este estilo de vida, como la esposa o la hija, no deberían entrar en contacto con otros seres humanos porque esa forma de aproximación genera daño. Tolstói continuará desarrollando esta idea en muchas de sus obras; por ejemplo, en *Resurrección* leemos:

> Es preciso tratar con amor a los seres humanos, lo mismo que se debe proceder con precaución con las abejas, porque de lo contrario se les perjudica a ellas y se perjudica uno mismo. No puede ser de otro modo, porque el amor mutuo entre los humanos es la ley básica de

---

141 E. Aparicio, *L.N. Tolstói*, Madrid, Ediciones del Orto, 1998, p. 44.

la vida. [...] Si no sientes afecto por los hombres, ocúpate en lo que sea, pero no de ellos.[142]

Para concluir este apartado sobre el sentido filosófico de *La muerte de Iván Ilich* es importante destacar que Tolstói escribe esta novela después de la publicación de *¿Qué es el arte?*, obra en la cual confiere al arte una nueva misión. *La muerte de Iván Ilich* ya no puede ser considerada simplemente como un relato estético de ficción destinado solo al entretenimiento, al contrario, percibe con claridad que el escritor asume un compromiso pedagógico y moral con el lector. Mediante ese relato el autor quiere llevar al lector a una reflexión filosófica sobre la vida y la muerte, un tema fundamental de su pensamiento. Como apunta Marie Sémon, «Tolstói exhorta a los hombres a resucitar su alma muerta».[143] Y es que después de su crisis existencial, el escritor ruso considera que solo hay un arte, una literatura válida, el que transforma interiormente para construir aquello que es bueno para todos.

La obra como medio de crítica social

Hemos visto en el apartado anterior que *La muerte de Iván Ilich* es una novela con un trasfondo filosófico sólido e interesante sobre la búsqueda del sentido de la vida auténtica, que consiste en vivir para los demás, y así se naturaliza el hecho inevitable y universal de la muerte, pero al mismo tiempo ofrece una crítica social feroz contra la sociedad burguesa de finales del siglo xix. Lev Tolstói se convierte, con habilidad, y a pesar de su posición de aristócrata converso, en el acusador de esa sociedad moderna

---

142   L. Tolstói, *Resurrección*, Madrid, Alianza, 2010, p. 515.
143   M. Sémon, «Temps et espace de la conversion dans *La Mort d'Ivan Ilitch*», en Institut d'Études Eslaves, *Les récites de conversion*, París, Institut d'Études Eslaves, 1998, p. 7.

en la cual las clases acomodadas viven en el lujo, el egoísmo, la apariencia, la hipocresía, la cobardía y la mentira, y enfatiza cómo ese tipo de vida ordinaria y mediocre conduce a la muerte moral.

Cuando Tolstói escribe ese relato de ficción ya había producido la mayor parte de su obra de pensamiento filosófico-religioso. Ante tanta concentración de ideas y de pensamiento, el filósofo de Yásnaia Poliana decide, en una acción pedagógica, escribir una novela —en apariencia simple— para encarnar en el magistrado Iván Ilich las ideas teóricas que había ido desarrollando en contra de la alta sociedad rusa de la época. Debemos recordar que la sociedad en la que vivió Tolstói todo giraba alrededor del zar y de su poder absoluto. Por debajo del zar se ubicaba la nobleza y el clero, después en la base, muy amplia y mayoritaria, los campesinos, los *mujiks*. La nobleza y la Iglesia eran protegidos por el zar, a su vez ellos protegían al emperador. En cambio, los campesinos, que pertenecían directamente al Estado o a la nobleza, vivían en la esclavitud. La gran masa del pueblo ruso vivía en condiciones infrahumanas, en la más extrema pobreza e ignorancia.

Para hacer más dura la crítica social Tolstói busca el contraste y enaltece la sencillez y la bondad de las clases esclavizadas por la burguesía, considerando que los oprimidos son quienes, al vivir para los demás, descubren la vida auténtica. Y en medio de la miseria más extrema y profunda, simbolizan la verdad, el amor y la compasión.

El *mujik* Gerasim encarna el polo contrario a la vida burguesa personificada en Iván Ilich. Tolstói representa al magistrado como un burócrata que, rodeado de lujo y apariencia social, cae en la trampa de la comodidad y la insensibilidad hacia los demás. Y deviene así cómplice de la injusticia social, a pesar de que él mismo considere que ha cumplido con corrección los principios morales dictados y heredados de su clase social. En la novela se constata ampliamente el desarrollo de la vida de Iván Ilich, y a diferencia de *Tres muertes*, dice poca cosa de la vida de Gerasim, a pesar de ser un personaje muy relevante en la obra. Sin embargo, en *La muerte de Iván Ilich* vemos, maravillosamente descrita, su tarea en la atención a su amo moribundo, puesto que en Tolstói es habitual que los personajes más amables, los que más enseñan, son los seres socialmente más torpes; hombres y mujeres que convierten su aparente ignorancia en sabiduría de vida. La crítica social que Tolstói desarrolla en *La muerte de Iván Ilich* parte de la relación de amo (Iván Ilich) y criado (Gerasim), concebida como el eje básico de la estructura social, de tipo feudal, dominante en la Rusia del siglo xix. En ese aspecto podríamos referirnos, en cierto modo, a la dialéctica del amo y el esclavo que Hegel desarrolla en la *Fenomenología del Espíritu* (1807), en la cual el esclavo renuncia a su deseo para satisfacer el afán de dominación del amo, pero a la vez el amo existe (autoconciencia) en la medida en que el esclavo lo reconoce (otra autoconciencia). Empieza así la lucha a muerte por el prestigio y el reconocimiento. El moribundo se convierte en esclavo y el cuidador es «reconocido» como señor que trabaja para él.

Tolstói presenta un conjunto de dualidades entre clases sociales. Mientras Iván Ilich representa la vida artificial vivida «para sí mismo» Gerasim es el modelo de la vida verdadera vivida «para los demás». Para el magistrado lo importante es la satisfacción de los placeres sensibles (cuerpo), para el campesino la vida consiste en cultivar la moralidad (alma). Iván Ilich encarna la conciencia positivista que se aleja de Dios; en cambio, Gerasim personifica la conciencia espiritual que vive hacia Dios. El juez representa la vida urbana, artificial y perversa; el *mujik* la vida natural, sana y moral. Sobre este último contraste cabe subrayar que para el novelista de Yásnaia Poliana la naturaleza tiene un valor espiritual muy importante; toda su vida estará ligada al deseo de rehuir la ciudad para vivir en medio de la naturaleza. De todas maneras, Tolstói pretende anular, en la figura de Gerasim, todas las dicotomías de la condición humana. Por ello en el *mujik* «salud y enfermedad, juventud y vejez, vida y muerte, se encuentran intrínsecamente mezcladas, y todas las consideraciones sociales abolidas».[144] La dualidad opuesta entre las dos clases sociales es la expresión más clara entre dos formas de vivir y de morir. El Tolstói moralista desenmascara una forma de vivir inauténtica para generar un cambio hacia la vida auténtica, pero en el transcurso de la obra no hay absolutamente ninguna pista de cómo se produce esa *conversión* de la vida a la vida auténtica. *La muerte de Iván Ilich* es una novela plenamente actual, pero exenta de indicaciones precisas para salir de la «muerte moral» —propia de la época tolstoiana y de cualquier época histórica— y entrar en la «vida moral».

La muerte de Iván Ilich como crítica a la medicina

El Tolstói espiritual es muy duro contra la ciencia en general, y a lo largo de su obra dedica muchas páginas a combatir lo que él denomina una «superstición moderna». Su aversión hacia la ciencia se corresponde con una aversión por la medicina. Su obra está llena de comentarios despectivos contra los médicos, porque los consideraba del todo innecesarios, a pesar de que él se hacía acompañar y visitar diariamente por uno de ellos.

En *La muerte de Iván Ilich* Tolstói analiza la tarea de los médicos con antipatía y desprecio, como lo había hecho en obras anteriores y como lo hará en obras posteriores. Recordemos, por ejemplo, cuando en *Tres muertes* la dama moribunda dice a su marido: «¿Cuántas veces te he dicho que esos médicos no saben

---

144 M. Gourg, «La nature et le corps dans *La mort d'Ivan Ilich*», en AA.VV., *Les récits de conversion*, *op. cit.*, p. 33.

nada y que hay simples curanderos capaces de sanar a la gente?»,[145] o cuando en *Anna Karenina* Levin, un personaje autobiográfico, sentencia duramente que «en general no cree en la medicina».[146] Lev no confía en la medicina porque, como ciencia que es, esta no puede responder a las preguntas más importantes de la vida. Ante la repulsión que los médicos causaban a Tolstói, Vladimir Nabokov dice:

> [Iván Ilich] se había lesionado fatalmente el riñón izquierdo; pero Tolstói, que miraba con malos ojos a los médicos y a la medicina en general, enturbia deliberadamente la cuestión [del diagnóstico] aludiendo a otras posibilidades: un desprendimiento de riñón, una lesión al estómago, hasta apendicitis, que difícilmente hubiera podido darse en el costado izquierdo, como se dice varias veces.[147]

La confusión sobre el diagnóstico de la enfermedad de Iván Ilich tiene una intención muy clara por parte de Tolstói: evidenciar que los médicos no pueden responder a las preguntas más importantes del enfermo; tanto es así que el diálogo del enfermo con los médicos está lleno de subterfugios. Un buen pasaje de la obra nos ayuda a ejemplificar esta cuestión:

> Lo mismísimo que en el juzgado. El médico famoso se daba ante él los mismos aires que él, en el tribunal, se daba ante un acusado.
>
> El médico dijo que tal-y-cual mostraba que el enfermo tenía tal-y-cual; pero que si el reconocimiento de tal-y-cual no lo confirmaba, entonces habría que suponer tal-o-cual. Y que si se suponía tal-o-cual, entonces..., etc. Para Iván Ilich había solo una pregunta importante, a saber: ¿era grave su estado o no lo era? Pero el médico

145   L. Tolstói, *Tres muertes*, *op. cit.*, p. 99.
146   *Id.*, *Anna Karenina*, Barcelona, Proa, 2005, pp. 273-274.
147   V. Nabokov, *Curso de literatura rusa*, *op. cit.*, pp. 369-370.

esquivó esa indiscreta pregunta. Desde su punto de vista era una pregunta ociosa que no admitía discusión; lo importante era decidir qué era lo más probable; si riñón flotante, o catarro crónico o apendicitis. No era cuestión de la vida o la muerte de Iván Ilich, sino de si aquello era un riñón flotante o una apendicitis. [...] Del resumen del médico Iván Ilich sacó la conclusión de que las cosas iban mal, pero que al médico, y quizá a los demás, aquello les traía sin cuidado aunque para él era un asunto funesto. Y tal conclusión afectó a Iván Ilich lamentablemente, suscitando en él un profundo sentimiento de lástima hacia sí mismo y de profundo rencor por la indiferencia del médico ante cuestión tan importante. Pero no dijo nada. Se levantó, puso los honorarios del médico en la mesa y comentó suspirando:

—Probablemente nosotros los enfermos hacemos a menudo preguntas indiscretas. Pero dígame: ¿esta enfermedad es, en general, peligrosa o no?...

El médico le miró severamente por encima de los lentes como para decirle: «Procesado, si no se atiene usted a las preguntas que se le hacen me veré obligado a expulsarle de la sala».

—Ya le he dicho lo que considero necesario y conveniente. Veremos qué resulta de un análisis posterior —y el médico se inclinó.[148]

En este fragmento, además del paralelismo entre el juicio de un juez y el juicio de un médico, observamos la incapacidad del médico para dar una respuesta convincente al enfermo respeto a su estado de salud. Es interesante fijarse en que en este texto, como en muchos otros, Iván Ilich hace preguntas esenciales sobre su vida y el médico se distrae con disputas científicas que para el enfermo son anecdóticas. El médico asigna a la enfermedad un carácter abstracto, despersonalizado, por ello solo se fija en las cuestiones orgánicas: el riñón flotante o el intestino ciego, pero olvida el problema fundamental del enfermo, su angustia vital.

148 L. Tolstói, *La muerte de Iván Ilich. Hadyi Murad*, *op. cit.*, pp. 53-54.

La narración de Tolstói ejemplifica metafóricamente que la medicina no sabe nada sobre las preguntas esenciales de la vida del enfermo porque el escritor, en el fondo, no está describiendo la enfermedad desde una perspectiva clínica,[149] sino desde un punto de vista moral.[150] El novelista también establece un nexo con los resultados de la medicina. El hecho de que la ciencia no pueda responder ni proponer soluciones al enfermo tiene una aplicación práctica evidente: ¡la medicina no puede curar! Por eso Troyat expone la idea según la cual por el hecho de que los médicos, con sus tratamientos, no lo pueden curar, se establece un abismo entre el mundo de los sanos y el de los enfermos. El texto que sigue muestra claramente la ineficacia de los medicamentos prescritos por los médicos:

> Pyotr se dirigió a la puerta, pero a Iván Ilich le aterraba quedarse solo. «¿Cómo retenerle aquí? Sí, con la medicina».
>
> —Pyotr, dame la medicina.
>
> «Quizá la medicina me ayude todavía. —Tomó una cucharada y la sorbió—. No, no me ayuda. Todo esto no es más que una boba-

149   Está claro que el análisis del diagnóstico no se corresponde con una descripción clínica, porque el objetivo de Tolstói no es de ningún modo científico sino moral. Los estudiosos de Tolstói, —Troyat, Nabokov, de Courcel, Struve, entre otros— diagnostican a Iván Ilich un cáncer en la zona abdominal, pero medicamente no hay base científica en el hecho de atribuir una afectación tumoral al golpe causado por una caída. En ese mismo sentido, como señala Nabokov, la afectación del intestino ciego (apendicitis) no se puede situar anatómicamente al costado izquierdo. A pesar de que el autor nunca pone nombre a la enfermedad de Iván Ilich, Nikita Struve afirma que «Tolstói ha sido el primero en introducir el tema del cáncer en la literatura, presentando, sin duda, con exclusión de las grandes enfermedades epidémicas, que el cáncer llegaría a ser por la humanidad como la señal de su mortalidad». N. Struve, «La Mort d'Ivan Ilitch», en AA.VV., *Tolstoï et la mort, op. cit.*, p. 79.

150   Benamí Barros explica que durante el siglo xix «la enfermedad y el crimen son presentados como formas de desviación, ya sea moral, social o de otra índole». B. Barros García, «La sublimación de la muerte…», *op. cit.*, pp. 117-118.

da, una superchería —decidió cuando se dio cuenta del conocido, empalagoso e irremediable sabor—. No, ahora ya no puedo creer en ello. Pero el dolor, ¿por qué este dolor? ¡Si al menos cesase un momento!».[151]

En otro momento Iván Ilich expresa que los medicamentos y las indicaciones médicas no pueden aliviar su dolor físico:

> Cada vez dormía menos. Le daban opio y empezaron a ponerle inyecciones de morfina. Pero ello no le paliaba el dolor. La sorda congoja que sentía durante la somnolencia le sirvió de alivio solo al principio, como cosa nueva, pero luego llegó a ser tan torturante como el dolor mismo, o aún más que este.
>
> Por prescripción del médico le preparaban una alimentación especial, pero también esta le resultaba cada vez más insulsa y repulsiva.[152] […]
>
> Llegó el médico a la hora de costumbre. Iván Ilich contestaba «sí» o «no» sin apartar de él los ojos cargados de inquina, y al final dijo:
>
> —Bien sabe usted que no puede hacer nada por mí; conque déjeme en paz.
>
> —Podemos calmarle el dolor —respondió el médico.
>
> —Ni siquiera eso. Déjeme.
>
> El médico salió a la sala y explicó a Praskovya Fyodorovna que la cosa iba mal y que el único recurso era el opio para disminuir los dolores, que debían de ser terribles.[153]

Las visitas, las exploraciones, los medicamentos, lo dice el propio magistrado, «son una mentira». Ante la incapacidad de dar salida a los problemas de salud física, pero sobre todo moral, de

151   L. Tolstói, *La muerte de Iván Ilich. Hadyi Murad*, *op. cit.*, p. 81.
152   *Ibid.*, p. 73.
153   *Ibid.*, p. 100.

Iván Ilich, se debe construir una gran mentira con el objetivo de tranquilizar al enfermo. Los médicos, con la complicidad de la familia y el entorno social, fingen que no le pasa nada grave y que se curará. Cuando Iván Ilich ya es plenamente consciente del mal pronóstico, que la muerte es inevitable, nos encontramos todavía con dos escenas muy críticas con la manera de hacer y de ser de los médicos, escenas que muestran muy bien la gran mentira. La primera de ellas es esta:

> Pero entonces sonaba la campanilla de la puerta. Quizá sea el médico. En efecto, es el médico, fresco, animoso, rollizo, alegre, y con ese aspecto que parece decir: «¡Vaya, hombre, está usted asustado de algo, pero vamos a remediarlo sobre la marcha!». El médico sabe que ese su aspecto no sirve de nada aquí, pero se ha revestido de él de una vez por todas y no puede desprenderse de él, como hombre que se ha puesto el frac por la mañana para hacer visitas. [...]
>
> Iván Ilich tiene la impresión de que lo que el médico quiere decir es «¿cómo va el negocio?», pero que se da cuenta de que no se puede hablar así, y en vez de eso dice: «¿Cómo ha pasado la noche?».
>
> Iván Ilich le mira como preguntando: «¿Pero es que usted no se avergüenza nunca de mentir?». El médico, sin embargo, no quiere comprender la pregunta.[154]

Y la segunda escena:

> El célebre galeno llegó a las once y media. Una vez empezó la auscultación y, bien ante el enfermo o en otra habitación, comenzaron las conversaciones significativas acerca del riñón y el apéndice y las preguntas y respuestas, con tal aire de suficiencia que, de nuevo, en vez de la pregunta real sobre la vida y la muerte que era la única con la que Iván Ilich ahora se enfrentaba, de lo que hablaban era de que

154 *Ibid.*, p. 83.

el riñón y el apéndice no funcionaban correctamente y que ahora Mihail Danilovich y el médico famoso les obligarían a comportarse como era debido.

El médico célebre se despidió con cara seria, pero no exenta de esperanza. Y a la tímida pregunta que le hizo Iván Ilich levantando hacia él ojos brillantes de pavor y esperanza contestó que había posibilidad de restablecimiento, aunque no podía asegurarlo. La mirada de esperanza con la que Iván Ilich acompañó al médico en su salida fue tan conmovedora que, al verla, Prascovya Fyodorovna hasta rompió a llorar cuando salió de la habitación con el médico para entregarle los honorarios.[155]

Tolstói es un hombre que se muestra casi siempre radical, y en su visión de la medicina no se aparta lo más mínimo de esta radicalidad. El juicio sobre los médicos es implacable, precisamente porque no encajan en el marco de su sistema de vida moral. Desde la mirada tolstoiana, el hecho de que los médicos se limiten a los aspectos físicos, científicos, de la enfermedad les impide ayudar en el proceso de metamorfosis interior que brinda el fenómeno de la enfermedad, y por lo tanto son insignificantes e innecesarios.

A pesar de la crítica inexorable a los médicos y a la medicina en general en *La muerte de Iván Ilich* descubrimos, por contraposición y de modo indirecto, en qué consiste realmente el saber hacer de los médicos y de los profesionales de la salud. El mensaje es claro: para atender a un enfermo no bastan los conocimientos científicos, se requieren también actitudes éticas, ejemplificadas por Gerasim en la obra, y que desarrollaremos en el próximo capítulo.

155   *Ibid.*, pp. 85-86.

LA MUERTE DE IVÁN ILICH.
UN MODELO DE ÉTICA DEL CUIDADO

El amor mutuo entre los humanos
es la ley básica de la vida.

LEV TOLSTÓI

Una vez presentadas las bases teóricas de la ética del cuidado, y después de haber realizado una aproximación a la vida, la obra y el pensamiento de Lev Tolstói, es el momento de integrar ambas partes. Así pues, podemos deducir y elaborar un marco teórico de la ética del cuidado a partir de *La muerte de Iván Ilich*. En el relato se muestra de manera nítida la responsabilidad de cuidado frente al vulnerable, en la medida en que somos seres dependientes los unos de los otros, una característica inherente de los seres humanos que nos lleva a establecer vínculos de cuidado.

En este capítulo veremos que la filosofía del amor compasivo del escritor y pensador ruso articula el fundamento de su ética del cuidado; al mismo tiempo descubriremos, empleando para ello un fragmento de la novela, que en la relación de cuidado entre Gerasim e Iván Ilich, Tolstói dibuja tácitamente un modelo propio en relación con la ética del cuidado. Un paradigma que puede ser aplicado en el contexto actual de las ciencias de la salud. *La muerte de Iván Ilich* expone de manera amable y espléndida las virtudes esenciales en el arte del cuidado.

Algunas cuestiones acerca de su fundamentación

En *La muerte de Iván Ilich* encontramos condensada toda la filosofía moral de Tolstói. Tanto es así que si nos preguntasen por qué Gerasim cuida de Iván Ilich con ese *esprit de finesse*, deberíamos recorrer necesariamente a los fundamentos del pensamiento tolstoiano, a su filosofía del amor. Se trata de una gramática del amor que desemboca en una ética de la compasión. La vida auténtica consiste en vivir para los demás, porque el amor al prójimo es el único camino para encontrar el sentido de la vida y llegar así a la felicidad. El amor se expresa a modo de cuidado solícito, generoso y compasivo hacia el otro.

La ética del amor de Tolstói describe cómo vivir una vida humana y feliz sin necesidad de recurrir a una comprensión metafísica del mundo, aunque no la excluye. Su filosofía del amor nace de una visión religiosa de la vida, pero mantiene su sentido más allá de un sistema de referencia metafísico porque el pensador ruso vincula la experiencia de felicidad con la relación interpersonal, de modo semejante a los fundamentos de la ética del cuidado. La construcción de esa vida humana lleva implícito el reconocimiento de que todos, sin excepción, tenemos responsabilidades de cuidado para con la comunidad, en la medida en que somos seres interdependientes que vivimos relaciones mutuas de cuidado. Esa responsabilidad de cuidado se fundamenta en el amor, y el amor fuera de un sistema de referencia trascendente no se puede fundamentar, porque él mismo es el fundamento.

El amor que propone Tolstói es al mismo tiempo un amor universal que se extiende a todo el mundo y no hace diferencias, ni tiene predilección por los más cercanos. Un ideal ético que incluye hasta el amor y el servicio a los «enemigos». Gerasim cuida de un modo excelente a un amo que forma parte de la burguesía, que explota a los campesinos y a los trabajadores, y sin juzgarlo tiene cuidado de él porque simplemente lo ve débil y demacrado *(infirme)*, víctima de la fragilidad común a toda la humanidad. Y ante esta situación, quien vive *en* y *para* el amor, más allá de afinidades o enemistades, sabe que todos somos iguales ante el fenómeno del sufrimiento y de la muerte.

Los actos del *mujik* representan perfectamente esa «gratuidad de mi responsabilidad hacia el prójimo», de la que habla Lévinas, la «responsabilidad de un mortal por un mortal» en la que consiste la «relación con el Infinito».[156]

Gerasim pone en práctica esa responsabilidad mutua hacia todos los seres humanos.

La conducta ejemplar de Gerasim ante Iván Ilich se podría interpretar como un servilismo debido a su condición de esclavo, o bien como una relación de doble dependencia entre quien cuida (esclavo) y quién es cuidado (amo); uno necesita al cuidador porque está enfermo y se siente débil y dependiente, el otro necesita cuidar al débil para escapar del absurdo de la existencia y encontrar un sentido a la propia vida. El escritor de Yásnaia Poliana, con su ideal de perfeccionamiento moral, se aleja del planteamiento del cuidado como un deber impuesto por las circunstancias. Gerasim cuida del otro por amor y no por obligación. El cuidado que pone en práctica el *mujik* no es vivido como un deber, al contrario, es más bien fruto del amor espontáneo, que se expresa en la compasión. Siguiendo a Kant:

---

156   A.M. Rabe, «"La vida está fuera del tiempo". León Tolstói entre la práctica vital y la predicación moral», *Arbor: Ciencia, Pensamiento y Cultura*, 186(745) (2010), p. 954.

El amor es una cuestión de *sentimiento* y no de *voluntad*, y no puedo amar porque yo quiera, y mucho menos porque *deba* (estar obligado a amar); de esto se deduce que el *deber de amar* es un absurdo.[157]

Es cierto que el amor como sentimiento no se elige, pero sí se educa. En Tolstói la respuesta compasiva o ética no se fundamenta en el deber a un imperativo categórico universal, sino en la responsabilidad ante la vulnerabilidad ajena. El criado cuida del amo, como se puede leer en la novela, «sin dificultad alguna y de buena gana» por responsabilidad, y con esta actitud muestra su progreso en la adquisición de virtudes. Lev Tolstói sitúa el cuidado en el terreno de la virtud, de la excelencia. La experiencia del amor en el cuidado es un ideal que guía y da sentido a la vida:

Los personajes que representan el ideal ético tolstoiano convencen por la naturalidad con la que ponen en práctica, sin rodeos ni expectativas, el amor al prójimo. Son figuras que ni predican ni razonan ni se compadecen de nadie en el sentido de lamentar la desgracia del otro. Si interrumpen su trabajo cotidiano o si se desvían del camino que han emprendido, es para actuar a favor de alguien que necesita ayuda o compañía. No lo hacen ni por vanidad ni por el deseo de recibir alguna recompensa en la tierra o en el más allá, sino simplemente porque se sienten parte natural de una comunidad ilimitada de seres humanos. Como entran en acción sin grandes palabras ni gestos ostentativos, sus obras a favor de los demás pasan desapercibidas o incluso son interpretadas por otras personas no afectadas como absurdas e inútiles.[158]

---

157 Citado por A. Comte-Sponville, *Pequeño tratado de las grandes virtudes*, Barcelona, Paidós, 2015, p. 231.
158 A.M. Rabe, «La vida está fuera del tiempo», *op. cit.*, p. 953.

Si la relación de cuidado propuesta por el ruso escapa de la imposición del deber para abrirse a la responsabilidad, también se aleja de la dependencia mutua. El pensamiento ético de Tolstói concibe el amor compasivo como una actitud vital que precisamente elimina las posibles asimetrías en la relación cuidador-cuidado, porque el compadecido y el que compadece se saben ambos vulnerables. No existe una asimetría en el encuentro, sino una total reciprocidad. En esta línea, un momento del relato muestra que Gerasim cuida al moribundo porque confía que cuando llegue su momento alguien también cuidará de él; es la manifestación total de la fraternidad entre iguales, o de lo que MacIntyre denomina la reciprocidad diacrónica. Es importante subrayar que la reciprocidad no radica en dar o darse para recibir algo a cambio, consiste en dar o darse como forma de reconocimiento mutuo de la alteridad. El que cuida no lo hace para conseguir un beneficio personal de su acción, aunque paradójicamente el reconocimiento de su valor como persona por parte de los demás propiciará que también sea cuidado cuando lo necesite.

En síntesis, Tolstói se sitúa en el contexto del amor puro, un amor basado en la responsabilidad de los unos hacía los otros, y que se aleja tanto del servilismo como del interés. El amor tolstoiano exige que uno se vacíe interiormente para conseguir el bienestar y la felicidad ajenas, y al conseguir esa felicidad se obtiene la propia, eso sí, sin que el otro sea medio para mi felicidad, porque se trata de una relación de reciprocidad o de responsividad.

La teorización filosófica de Tolstói rompe, ya en el siglo xix, con la idea tradicional de que el cuidado es una cuestión que afecta exclusivamente a las mujeres. Él considera que el cuidado es una experiencia humana, propia tanto de hombres como de mujeres, porque ambos pueden y deben cuidar de quien lo necesita. En este sentido, Tolstói muestra con mucha fuerza, mediante la relación de cuidado entre Gerasim e Iván Ilich, que lo que nos convierte en humanos —independientemente de los roles sociales y culturales de género— es responder a la fragilidad y vulnerabilidad de los demás. En el relato es precisamente la mujer de Iván Ilich la que, por su posición de poder, rechaza sus responsabilidades de cuidado y las asigna a Gerasim y a otros criados de la casa. Con el ejemplo de cuidado del *mujik* Tolstói muestra que los hombres también están preparados para prestar cuidados y atención. Y pone énfasis en los elementos constitutivos de la ética feminista, estos son la responsabilidad, las emociones, la voluntad, el contexto, la individualidad.

La filosofía del amor de Tolstói sostiene —en el mismo sentido de Hume— que es la emoción-sentimiento y no la razón lo que mueve a los humanos, por ello el *mujik*, sin necesidad de hacer razonamientos especulativos, ha interiorizado el ideal del amor a los demás en su cotidianidad, porque las virtudes se educan y se adquieren desde la experiencia de lo cotidiano, del contexto. Él con su sencillez, su humildad y su bonhomía, vive con alegría el servicio abnegado porque gracias a su condición social no ha sido corrompido por la superficialidad y el egoísmo que se encuentra en las clases ricas, y es capaz de sentir compasión por su amo moribundo. La compasión deviene así el núcleo de la ética y del modelo de ética del cuidado que nos propone Tolstói. La compasión es un sentimiento misterioso del corazón humano del que emanan acciones altruistas y generosas. La compasión descentra, hace que el otro se convierta en foco de atención.

El sufrimiento del otro mueve de modo inmediato la voluntad, como lo haría el interés particular y obliga a «salir de sí mismo». De ahí que, aquel que se deja llevar por los sentimientos de compasión «establece menos diferencia de la que se suele establecer entre él y los demás». La generosidad, la clemencia, el perdón, el responder al mal con el bien, suponen en aquel que las ejercita que reconoce su propia esencia, una esencia común, incluso en quien ignoró la suya para con él.[159]

El filósofo francés Comte-Sponville, igual que Tolstói, vincula en una obra reciente el sentimiento del amor con la virtud de la compasión: «Quizá la compasión sea el contenido principal de la caridad [amor], su afecto más efectivo, e incluso su verdadero nombre».[160] Arthur Schopenhauer, uno de los filósofos que más ha analizado la excelencia de la compasión, también relaciona ambos conceptos: «La esencia del amor puro se identifica con la compasión».[161] De todas formas, el vínculo entre amor y compasión es clásico. El ejemplo más conocido y paradigmático del amor compasivo es la parábola del buen samaritano. El levita y el sacerdote siguen de largo ante el hombre a quien unos ladrones han dejado mal herido en medio del camino, solo el samaritano se detiene y muestra compasión. En dicha parábola, que forma parte del patrimonio literario y ético de la humanidad, se condensa la enseñanza y la pedagogía del amor compasivo o de una ética de la compasión:

La misericordia samaritana no se reduce a un mero sentimiento empático, incluye además la acción por aliviar el sufrimiento del otro y el riesgo de compartir su destino. [...] El samaritano se *compadece*, *se acerca*, *venda al herido*, lo *monta* en su propia cabalgadura, lo *lleva* a la posada y lo *cuida*. [...] Ante la visión del hombre medio muerto el samaritano se compadece. El término griego *(esplagchnisthe)* elegido por Lucas para expresar la conmoción del samaritano ante la

159   A. Villar Ezcurra, *La ambivalencia de la compasión*, en M. García-Baró, A. Villar (coords.), *Pensar la compasión*, Madrid, Universidad Pontificia Comillas, 2008, p. 37.
160   A. Comte-Sponville, *Pequeño tratado...*, *op. cit.*, p. 298.
161   Citado por F. Torralba, *La compasión*, Lleida, Pagès Editors, 2008, p. 38.

visión del sufrimiento, significa abrazar visceralmente, con las propias entrañas, los sentimientos o la situación del otro.[162]

Gerasim, porque ama al estilo samaritano, es un hombre compasivo con Iván Ilich. Francesc Torralba, en su opúsculo sobre la compasión, nos dice que «la compasión, tal como su nombre indica, significa *com-padecer-se*, sufrir con el otro, acompañarlo en su sufrimiento, sufrir, incluso, con el otro».[163] A pesar de que *cumpassio* (latín) es casi un sinónimo de *sympathia* (griego), Torralba subraya la diferencia. «La simpatía no es la compasión, porque la compasión es la comunión en el sufrimiento, mientras que la simpatía es una especie de afinidad anímica con el otro».[164] Con anterioridad, Max Weber ya había alejado la simpatía de la actitud moral cuando se simpatiza, por ejemplo, con el placer que alguien experimenta en relación con el mal. No se puede considerar la simpatía como una virtud —a diferencia de la compasión— porque no está ligada necesariamente con los valores. Simpatizar es sentir o experimentar con alguien, y este sentimiento puede ser moral, pero también puede no serlo. El problema está en saber *con qué* se simpatiza.

La simpatía también tiene una relación semántica con la empatía. El concepto de empatía tiene un alcance más genérico: es comprender y sentir lo que los otros sienten, mientras que la simpatía expresa una emoción afín al sentimiento del otro. Si seguimos el hilo de las distinciones terminológicas, Torralba también analiza el vínculo entre compasión y empatía:

La empatía no es la compasión, pero es la condición de posibilidad. Sin empatía no es posible captar la vida interior del otro; ni, por su-

162   J. Laguna, *Hacerse cargo, cargar y encargarse de la realidad. Hoja de ruta samaritana para otro mundo posible*, Barcelona, Cristianisme i justícia, 2011, pp. 16-17.
163   F. Torralba, *La compassió, op. cit.*, p. 21.
164   *Ibid.*, p. 22.

puesto, sus sufrimientos. La empatía es una posibilidad humana y la raíz de toda auténtica relación humana. [...] Tal como la describe Edith Stein, la empatía permite que las personas se vinculen como sujetos y no como objetos del mundo físico. Es el fundamento de la relación amorosa y del vínculo de la amistad. [...] La empatía hace posible la captación del sufrimiento ajeno que, como dice la filósofa Martha Nussbaum, es el fundamento de la humanidad.[165]

La compasión, que algunos autores asocian también con la piedad, se debe desvincular de la lástima: «La compasión comparte el sufrimiento del otro: sufre con. La lástima participa de la conmoción de la compasión, pero desde la distancia existencial del que se sabe lejos de la situación del que sufre».[166] Es más, la lástima que nace de la piedad tiene que ver con la superioridad de uno frente al otro. La piedad es un acto de poder, porque solo quien tiene poder puede tener piedad.[167] Tolstói también distingue la compasión de la lástima. Los verbos rusos *sostradat*, *sotxustvovat*, *soperejivat* con el mismo prefijo (so-) indican que entre la persona que siente compasión, piedad o empatía y la persona compadecida hay una relación de igualdad, porque cuando uno se compadece de otra persona comparte el mismo dolor, sufrimiento o vivencia, y por lo tanto está al mismo nivel que la persona que sufre o percibe aquella emoción. Sin embargo, el uso del verbo *jalet*, que Tolstói también utiliza en algunas ocasiones, indica tener compasión, piedad o lástima desde una posición de superioridad sobre el otro. *Jalet* no tiene la connotación positiva

165 *Ibid.*, pp. 23-24.
166 J. Laguna, *Hacerse cargo, cargar y encargarse de la realidad*, *op. cit.*, p. 17.
167 J.C. Mèlich, *L'experiència de la pèrdua. Assaig sobre filosofia literària*, Barcelona, Arcàdia, 2017. p. 77. A pesar de la diferenciación que hacemos entre compasión y piedad, en *El mundo como voluntad y representación* Schopenhauer recuerda que en italiano la compasión y el amor puro se designa con la misma palabra: *pietá*.

de los otros verbos. A pesar de que *jalet* también significa amar, ese amor surge siempre desde una posición de superioridad. Iván Ilich quiere que lo amen porque está enfermo, quiere que lo amen las personas con salud (Gerasim) desde su superioridad, como un niño pequeño quiere que el adulto lo ame desde su seguridad, fuerza, protección. En ese sentido, al final del relato Tolstói muestra que Iván Ilich siente lástima y no compasión por sus familiares, porque se encuentra en un estado de superioridad sobre los demás.[168]

La compasión no es solo una emoción *(sufrir con)* sino una respuesta *(estar con)*. Ser compasivo significa, como sostiene Taylor, dar una respuesta inmediata e irreflexiva a la demanda del otro, por ello a menudo la compasión requiere improvisación. Ser compasivo es estar presente en el momento adecuado, situarse al lado del que sufre escuchándolo, atendiéndolo, acompañándolo, en suma, cuidándolo frente a sus heridas, sus cicatrices, su soledad. «La compasión no es un estar allí pasivo, sino todo lo contrario, es activo, porque solo se produce manifestándose. Se trata de ayudar activamente al otro a suavizar su sufrimiento».[169] Gerasim da en todo momento una respuesta activa a las necesidades de Iván Ilich, está con él.

El amor se identifica con la compasión, pero el amor va más allá de la compasión, en el sentido de que la compasión es una respuesta reactiva, espontánea, primitiva a una situación de fragilidad, en cambio el amor no necesita el sufrimiento o la infelicidad del otro para amar. Jankélévitch recuerda que el amor «no necesita ver al prójimo cubierto de harapos para descubrir su miseria; nuestro prójimo, después de todo, puede y debe ser amado incluso si no es desgraciado».[170] El amor compasivo de

168   Agradezco a Iván García sus valiosas consideraciones en relación con la lengua rusa.
169   J.C. Mèlich, *L'experiència de la pèrdua...*, *op. cit.*, p. 78.
170   Citado por A. Comte-Sponville, *Pequeño tratado...*, *op. cit.*, p. 118.

Tolstói supera la compasión reactiva para convertirse en una forma de vida, que integra la responsabilidad ante cualquier relación interpersonal. Gerasim ama sin necesidad de una situación especial o una situación límite, porque para él la vida siempre es amor y compasión hacia los demás. El sufrimiento y la muerte no tienen nada de excepcional, forman parte de la vida, y lo más natural es responder solícitamente, sin necesidad de razonamientos filosóficos.

En *La muerte de Iván Ilich* Tolstói altera los esquemas sobre la concepción de la profesión desde su ética del amor y traza de modo indirecto unas líneas maestras sobre qué quiere decir ser profesional, o mejor dicho, qué quiere decir ser un buen profesional. En el relato, contrapone dos maneras de entender la profesión: por un lado, Iván Ilich es un alto funcionario de la judicatura, que puede ser catalogado como profesional; por otro lado, Gerasim es un criado sin calificación profesional alguna. El contraste es más que evidente. Quien es considerado un profesional desarrolla su trabajo como un burócrata mediocre y sin ningún tipo de vocación; en cambio, quien no puede ser clasificado como profesional es un hombre que desarrolla su tarea cotidiana con delicadeza y excelencia. En definitiva, actúa con vocación. Gerasim es el modelo que se opone a la degradación progresiva del sentido vocacional. Se puede decir que Tolstói ensalza la excelencia profesional y de alguna manera pone en evidencia la mediocridad profesional.

El valor vocacional que Tolstói confiere al cuidado conduce a una reflexión interesante. Él fundamenta el comportamiento de Gerasim en el amor compasivo dentro de un sistema de referencia religioso, algo que podría parecer anacrónico e inadecuado en el contexto actual de las profesiones. Sin embargo, no se puede obviar el origen religioso del concepto «profesión». El sociólogo Max Weber, uno de los principales teóricos de las profesiones, recuerda que la palabra alemana *beruf* y la inglesa *calling* tienen en lengua castellana el sentido de *vocación* y *misión*; por eso, desde una perspectiva histórica, el ejercicio de la profesión ha ido ligado a una causa trascendente, a un llamamiento divino. De ahí que Diego Gracia afirme que el profesional es siempre alguien «consagrado a una causa de gran trascendencia social y humana».[171] Hace décadas Weber mostró su preocupación por la pérdida del sentido vocacional de las profesiones. En su visión la burocracia y el espíritu capitalista han sido los responsables de fagocitar el espíritu vocacional hasta convertir las profesiones en una actividad mercantil, anulando así la posibilidad de lograr la excelencia profesional.[172] Victoria Camps, en un análisis sobre el contexto de las profesiones sanitarias, alerta que otro aspecto de distorsión del sentido de la excelencia profesional es privilegiar el conocimiento científico y técnico por encima del saber humanista, esto es, la ruptura entre la cultura humanista y la científica.[173] Fue precisamente la separación de esas dos culturas lo que propició el nacimiento de la bioética, que pretendía recuperar la unidad perdida entre las ciencias y las humanidades para fortalecer así la identidad de las profesiones del ámbito de las ciencias de la vida y de la salud. El modelo de la ética del cuidado extraído de la obra de Tolstói es una ética de la virtud que recupera la dimensión, a menudo casi olvidada, de la vocación profesional como medio para dar identidad a la profesión y, en concreto, transformar, perfeccionar y humanizar el contexto de la relación clínica.

Otro aspecto destacable en la novela de Tolstói es la importancia que confiere al sentido del cuidado. Hemos visto que Gerasim no cuida ni por obligación ni por interés, cuida porque el cuidado tiene sentido en sí mismo. Buscando el paralelismo

171   Citado por A. Cortina, «Ética de las profesiones», en M.P. Arroyo, A. Cortina, M.J. Torralba, J. Zugasti, *Ética y legislación en enfermería*, Madrid, McGraw-Hill Interamericana, 1998, p. 51.

172   *Ibid.*, pp. 51-52.

173   V. Camps, «Los valores éticos de la profesión sanitaria», *op. cit.*, p. 4.

en el contexto profesional podemos decir que Tolstói considera que para mantenerse firme en la actividad profesional hay que encontrar un sentido, una razón, en lo que se hace, al estilo de Gerasim, para evitar un posible desgaste emocional o físico. En esta misma línea, Friedrich Nietzsche sostenía que quien tiene un *porqué* es capaz de soportar cualquier *cómo*, puesto que el sentido fortalece y su carencia debilita. Así pues, Tolstói nos indica que para ser un Gerasim en el cuidado de los más vulnerables hay que llenar la experiencia profesional de horizontes de sentido, que nos permitan ir mucho más allá del cumplimiento necesario de unos mínimos morales y legales, y aspirar claramente a la excelencia profesional.

La ética del cuidado que Tolstói describe implícitamente en *La muerte de Iván Ilich* permite una buena aplicación en el contexto de las profesiones del ámbito de las ciencias de la salud. En síntesis, después de analizar algunas cuestiones relacionadas con el fundamento de su ética del cuidado, podemos decir que:

- La ética del cuidado sostiene que la responsabilidad de cuidado es el fundamento de las relaciones interpersonales. Por ello el cuidado tiene un carácter universal y nadie puede quedar excluido.
- La ética del cuidado es el marco general en el cual se deben desarrollar las profesiones que tienen como objetivo ayudar a los demás.
- El cuidado de los demás es, independientemente de la profesión que se ejerza, una responsabilidad tanto de hombres como de mujeres.
- La ética del cuidado es una ética de la responsabilidad que da valor a las virtudes, a las emociones, a la voluntad, al contexto y a la individualidad.
- La ética del cuidado de Tolstói recupera el sentido vocacional de las profesiones de las ciencias de la salud.

Para concluir, debemos subrayar que la ética del cuidado de Tolstói puede articularse bien tanto con la ética feminista como con la ética de la virtud. Tiene poca sintonía con la ética de los principios, ya que el tipo de relación que Gerasim establece con Iván Ilich no se basa en los derechos y la obligación, sino en la responsabilidad y la voluntad. El pensador ruso —influenciado sobre todo por Rousseau— confía en la bondad de la persona y por esa razón tiene dificultades para introducir en el cuidado la perspectiva universalista de los principios. Sin embargo, la imbricación de la ética principialista (deontológica) con la ética de la virtud (teleológica) es necesaria especialmente cuando uno no siente la responsabilidad hacia el otro, porque donde no llega la voluntad debe imponerse el deber. Es cierto que la ética del cuidado de Tolstói es claramente una ética de la virtud, pero la adquisición de virtudes muestra a la vez un compromiso con los principios.[174] En síntesis, la ética del cuidado que se deriva de *La muerte de Iván Ilich* integra las teorías morales de la ética feminista y la ética de la virtud, además se puede completar con la ética principialista.

La narración como base
del modelo de la ética del cuidado

En el primer capítulo apuntábamos que la teorización de la ética del cuidado era bastante abstracta debido a la pluridimensionalidad del cuidado, y precisamente por ese motivo había una gran diversidad de modelos. En *La muerte de Iván Ilich* también encontramos implícito un modelo para la relación de cuidado que se podría considerar un antecedente literario a las teorizaciones éticas más recientes. Se trata de un modelo com-

174 *Ibid*., p. 6.

puesto por un conjunto de virtudes imprescindibles para cualquier cuidador, ya sea profesional o no profesional. Descubrir en el relato de Tolstói un modelo de cuidado no debería sorprender, puesto que el cuidado de las personas frágiles es y ha sido un fenómeno universal. En cualquier época el cuidado ha formado parte del ADN de la sociedad, porque atender a la persona vulnerable es un hecho esencial de humanidad, que no queda circunscrito ni a un período histórico determinado, ni es exclusivo de las profesiones del ámbito de las ciencias de la salud. Lo que realmente sorprende es la excelente capacidad del escritor ruso para describir, en la ficción literaria, las virtudes fundamentales en el arte del cuidar.

Fiel a su filosofía del amor compasivo, Tolstói describe un paradigma que constituye la relación de cuidado entre Gerasim e Iván Ilich. El autor no solo nos dice que hay que acoger y cuidar al vulnerable, responder a sus necesidades, también ejemplifica *cómo se debe* cuidar del otro. La propuesta, o el modelo, lo descubrimos en un fragmento del capítulo VII. Tolstói, al mostrarnos cómo Gerasim atiende a Iván Ilich, nos presenta las virtudes necesarias para una forma de cuidado excelente. En el fragmento que citamos a continuación se identifica un conjunto de diez virtudes que describiremos brevemente en el próximo capítulo, pues cualquiera de ellas es tributaria de un análisis más profundo:

Cada vez dormía menos. Le daban opio y empezaron a ponerle inyecciones de morfina. Pero ello no le paliaba el dolor. La sorda congoja que sentía durante la somnolencia le sirvió de alivio solo al principio, como cosa nueva, pero luego llegó a ser tan torturante como el dolor mismo, o aún más que este.

Por prescripción del médico le preparaban una alimentación especial, pero también esta le resultaba cada vez más insulsa y repulsiva.

Para las evacuaciones también se tomaron medidas especiales, cada una de las cuales era un tormento para él: el tormento de la inmundicia, la indignidad y el olor, así como el de saber que otra persona tenía que participar en ello.

Pero fue cabalmente en esa desagradable función donde Iván Ilich halló consuelo. Gerasim, el ayudante del mayordomo, era el que siempre venía a llevarse los excrementos *[disponibilidad]*. Gerasim era un campesino joven, limpio y lozano *[cuidado de sí]*, siempre alegre y espabilado, que había engordado con las comidas de la ciudad. Al principio la presencia de este individuo, siempre vestido pulcramente a la rusa *[cuidado de sí]*, que hacía esa faena repugnante perturbaba a Iván Ilich.

En una ocasión en que este, al levantarse del orinal, sintió que no tenía fuerza bastante para subirse el pantalón, se desplomo sobre un sillón blando y miró con horror sus muslos desnudos y enjutos, perfilados por músculos impotentes.

Entró Gerasim con paso firme y ligero, esparciendo el grato olor a brea de sus botas recias y el fresco aire invernal, con mandil de cáñamo y limpia camisa *[cuidado de sí]* de percal de mangas remangadas sobre sus fuertes y juveniles brazos desnudos, y sin mirar a Iván Ilich *[afabilidad]* —por lo visto para no agraviarle con el gozo de vivir que brillaba en su rostro— se acercó al orinal.

—Gerasim —dijo Iván Ilich con voz débil.

Gerasim se estremeció, temeroso al parecer de haber cometido algún desliz *[afabilidad]*, y con gesto rápido volvió hacia el enfermo su cara fresca, bondadosa, sencilla y joven, en la que empezaba a despuntar un atisbo de barba.

—¿Qué desea el señor?

—Esto debe de serte muy desagradable. Perdóname. No puedo valerme.

—Por Dios, Señor, —y los ojos de Gerasim brillaron al par que mostraba sus brillantes dientes blancos— *[cuidado de sí]*. No es apenas molestia. Es porque está usted enfermo *[comprensión / disponibilidad]*.

Y con manos fuerte y hábiles *[competencia]* hizo su acostumbrado menester y salió de la habitación con paso liviano. Al cabo de cinco minutos volvió con igual paso *[disponibilidad]*. Iván Ilich seguía sentado en el sillón.

—Gerasim —dijo cuando este colocó en su sitio el utensilio ya limpio y bien lavado— *[competencia]*, por favor ven acá y ayúdame —Gerasim se acercó a él—. Levántame. Me cuesta mucho trabajo hacerlo por mí mismo *[paciencia / disponibilidad]* y le dije a Dimitri que se fuera.

Gerasim fue a su amo *[disponibilidad]*, le agarró a la vez con fuerza y destreza *[competencia]* —lo mismo que cuando andaba—, le alzó hábil *[competencia]* y suavemente *[afabilidad]* con un brazo, y con el otro le levantó el pantalón y quiso sentarle, pero Iván Ilich le dijo que le llevara al sofá y le depositó en él.

—Gracias. ¡Qué bien y con cuánto tino lo haces todo! *[competencia]*

Gerasim sonrió de nuevo *[alegría]* y se dispuso a salir, pero Iván Ilich se sentía tan a gusto con él que no quería que se fuera.

—Otra cosa. Acerca, por favor, esa silla. No, la otra, y pónmela debajo de los pies *[paciencia / disponibilidad]*. Me siento mejor cuando tengo los pies levantados.

Gerasim acercó la silla, *[paciencia / disponibilidad]* la colocó suavemente *[afabilidad]* en el sitio a la vez que levantaba los pies de Iván Ilich y los ponía en ella. A este le parecía sentirse mejor cuando Gerasim le tenía los pies en alto.

—Me siento mejor cuando tengo los pies levantados —dijo Iván Ilich—. Ponme ese cojín debajo de ellos *[paciencia]*.

Gerasim así lo hizo *[disponibilidad]*. De nuevo le levantó los pies y volvió a depositarlos *[paciencia]*. De nuevo Iván Ilich se sintió mejor mientras Gerasim se los levantaba *[paciencia / disponibilidad]*. Cuando los bajó, a Iván Ilich le pareció que se sentía peor.

—Gerasim —dijo—, ¿estás ocupado ahora?

—No, señor, en absoluto *[disponibilidad]* —respondió Gerasim, que de los criados de la ciudad había aprendido como hablar con los señores *[afabilidad]*.

—¿Qué tienes que hacer todavía?

—¿Que qué tengo que hacer? Ya lo he hecho todo salvo cortar leña para mañana.

—Entonces levántame las piernas un poco más, ¿puedes?

—¡Cómo no he de poder! *[disponibilidad / comprensión]*

—Gerasim levantó aún más las piernas de su amo, y a este le pareció que en esa postura no sentía dolor alguno *[competencia]*.

—¿Y qué de la leña?

—No se preocupe el señor *[comprensión / paciencia]*. Hay tiempo para ello *[disponibilidad]*.

Iván Ilich dijo a Gerasim que se sentara y le tuviera los pies levantados *[paciencia / disponibilidad]* y empezó a hablar con él *[confianza]*. Y, cosa rara, le parecía sentirse mejor mientras Gerasim le tenía levantadas las piernas.

A partir de entonces Iván Ilich llamaba de vez en cuando a Gerasim, le ponía las piernas sobre los hombros y gustaba de hablar con él *[paciencia / disponibilidad / confianza]*. Gerasim hacía todo ello con tiento y sencillez, y de tan buena gana y con tan notable afabilidad que conmovía a su amo. La salud, la fuerza y la vitalidad de otras personas ofendían a Iván Ilich; únicamente la energía y la vitalidad de Gerasim *[cuidado de sí]* no le mortificaban; al contrario, le servían de alivio *[consuelo]*.

El mayor tormento de Iván Ilich era la mentira, la mentira que por algún motivo todos aceptaban, según la cual él no estaba muriéndose, sino que solo estaba enfermo. […] Veía que nadie se compadecía de él, porque nadie quería siquiera hacerse cargo de su situación. Únicamente Gerasim se hacía cargo de ella y *lo trataba con cariño*[175]

175 Hemos sustituido la expresión «le tenía lástima» por «lo trataba con cariño», como hacen algunas traducciones para evitar el concepto peyorativo que tiene el uso del término lástima.

[comprensión / consuelo]; y por eso Iván Ilich se sentía a gusto solo con él. Se sentía a gusto cuando Gerasim pasaba a veces la noche entera sosteniéndole las piernas, sin querer ir a acostarse *[paciencia / disponibilidad]*, diciendo «No se preocupe, Iván Ilich, que dormiré más tarde». O cuando, tuteándole, agregaba: «Si no estuvieras enfermo, sería distinto, pero ¿qué más da un poco de ajetreo?» *[comprensión / disponibilidad]*. Gerasim era el único que no mentía *[veracidad]*, y en todo lo que hacía mostraba que comprendía cómo iban las cosas y que no era necesario ocultarlas, sino sencillamente *compadecer*[176] *[consuelo]* a su débil y demacrado señor. Una vez, cuando Iván Ilich le decía que se fuera, incluso llegó a decirle:

—Todos tenemos que morir *[veracidad]*. ¿Por qué no habría de hacer algo por usted? *[comprensión / disponibilidad]* —expresando así que no consideraba oneroso *[paciencia]* su esfuerzo porque lo hacía por un moribundo y esperaba que alguien hiciera lo propio por él cuando llegase su hora.

Además de esas mentiras, o a causa de ellas, lo que más torturaba a Iván Ilich era que nadie se compadeciese de él como él quería. En algunos instantes, después de prolongados sufrimientos, lo que más anhelaba —aunque le habría dado vergüenza confesarlo— era que alguien *lo tratase con cariño, como si fuese un niño enfermo.*[177] Quería que le acariciaran, que le besaran, que lloraran por él, como se acaricia y consuela a los niños. Sabía que era un alto funcionario, que su barba encanecía y que, por consiguiente, ese deseo era imposible; pero, no obstante, ansiaba todo eso. Y en sus relaciones con Gerasim había algo semejante a ello, por lo que esas relaciones le servían de alivio *[consuelo]*.[178]

---

176 Sustituimos la palabra «lástima» por «compadecer».
177 Sustituimos «le tuviese lástima como se le tiene lástima a un niño enfermo» por «lo tratase con cariño, como si fuese un niño enfermo».
178 L. Tolstói, *La muerte de Iván Ilich. Hadyi Murad*, *op. cit.*, pp. 73-78.

Virtudes del modelo de la ética del cuidado de Tolstói	
La disponibilidad	La comprensión
La veracidad	La afabilidad
La competencia	El consuelo
La confianza	La alegría
La paciencia	El cuidado de sí

LAS VIRTUDES DE LA ÉTICA DEL CUIDADO EN *LA MUERTE DE IVÁN ILICH*

> El carácter se educa con
> buenas ficciones literarias.
>
> DAVID CARR

Con el ejemplo de un personaje de ficción, Tolstói destaca una serie de virtudes como elementos constitutivos del cuidado. Compartimos la idea de que el carácter o la virtud —en palabras de David Carr— se educa con buenas ficciones literarias, porque el lector, el oyente o el espectador puede comparar la narración con su propia experiencia vital, y esa apropiación del relato le puede ayudar a desarrollar actitudes éticas que mejoren las relaciones interpersonales. Eso explica que hayamos utilizado el personaje literario de Gerasim para ejemplificar cada una de las virtudes del cuidado, como estrategia para sensibilizar éticamente a los profesionales del ámbito de las ciencias de la salud.

El hecho de que la clasificación del modelo de las virtudes de Gerasim empiece por la disponibilidad y termine con el cuidado de sí mismo es deliberado porque, más allá de determinar cuáles son las virtudes que deben tener los profesionales clínicos, lo más importante es saber salir de sí mismo y estar abierto a la vida de los demás, esto es, dispuestos a hacer más agradable la vida de los otros y con ello también la nuestra. Sin esta disposición o inclinación hacia el bien es difícil modelar el carácter en aras de la virtud. Concluir con la virtud del cuidado de sí mismo también tiene una intención clara. Quien no tiene cuidado de sí mismo no puede cuidar de los demás. Estar bien con uno mismo no es un obstáculo sino una condición de posibilidad para el cuidado.[179] El orden del resto de virtudes, sin ser contingente, se debe más a una mera cuestión pedagógica, ya que no existe ningún grado de jerarquía entre ellas. Al final de la descripción de cada virtud hay un pequeño apéndice que muestra las posibles aplicaciones de las virtudes en el contexto de las ciencias de la salud, a fin de posibilitar una auténtica transformación de la realidad, nuestra realidad.

La disponibilidad

Desde su enfoque personalista, el filósofo Gabriel Marcel recuerda que «el ser disponible se opone al que está ocupado lleno de sí mismo».[180] Estas palabras tienen una fuerte resonancia tolstoiana. Es más, se podrían atribuir perfectamente a él porque remiten a su idea moral de que hay que vivir para los demás y no para uno mismo. En esencia, el hecho de vivir para los demás quiere decir estar disponible, ser generoso ante las demandas humanas. Por ello Gerasim siempre está presto a atender y cuidar de Iván Ilich.

El *mujik* es consciente de las carencias de su amo y no le disgusta o desagrada ayudarlo en cualquier momento, porque su vida es servicio generoso hacia los demás. Por su condición de esclavo Gerasim no puede ofrecer nada material a su amo, pues

179 J.M. Esquirol, *La penúltima bondat. Assaig sobre la vida humana*, Barcelona, Quaderns Crema, 2018, p. 95.
180 Citado por J. Seco Pérez, *Introducción al pensamiento de Gabriel Marcel*, Madrid, Instituto Emmanuel Mounier, 1999, p. 48.

no posee nada, pero es capaz de lo más humano: darse a sí mismo. La disponibilidad y la generosidad del campesino es una ejemplificación perfecta de la ética de la compasión de Tolstói, en la cual se supera el propio interés para centrarse en los intereses de los demás. En su ensayo sobre la discreción, Pierre Zaoui alerta de que no debemos «abandonar el mundo y a los otros a cambio de una vida interior más profunda, sino estar disponibles para todo lo que pueda suceder de bueno y de malo a nuestro alrededor».[181] Y añade, parafraseando a Tolstói, que el «alma indisponible no conocerá jamás la felicidad».[182] En el gesto generoso se transforma la realidad que viven los demás, pero al mismo tiempo también se transforma nuestra realidad de modo que nos liberamos de nuestro yo para abrirnos al otro, y esa doble transformación es la que genera felicidad.

Gerasim posee la virtud de la disponibilidad, y precisamente por esta razón no le pesa cuidar de Iván Ilich. El cuidador atiende las necesidades básicas del enfermo, como la higiene, la alimentación, los desplazamientos de un lugar a otro de la habitación; por ejemplo, se pasa horas sosteniéndole las piernas y escuchándolo. Gerasim, con esa actitud generosa, deja de realizar sus tareas habituales y renuncia sin esfuerzo a sus horas de descanso para atender a su amo moribundo. El criado comprende que cuidar requiere saber establecer prioridades en las demandas del enfermo, y también sabe que la tarea del cuidado no puede someterse al imperativo de las agujas de un reloj. Cuidar adecuadamente requiere tiempo. El mejor regalo que podemos hacer es dar nuestro tiempo, porque «dar tiempo equivale a dar vida. Es este el regalo más valioso de todos, porque quien da su tiempo se da a sí mismo».[183]

---

181 P. Zaoui, *La discreción o el arte de desaparecer*, Barcelona, Arpa, 2017, p. 147.
182 *Ibid.*, p. 148.
183 J.M. Esquirol, *El respirar de los días*, Barcelona, Paidós, 2009, p. 90.

Cuidar es una tarea continuada en el tiempo que a la vez precisa de la lentitud. El tiempo lento predispone a un buen cuidado. Hace falta tiempo para hacer las cosas bien, con profundidad, porque como recuerda el filósofo Esquirol «el tiempo no guarda lo que se haya hecho sin tiempo».[184] En el siguiente fragmento de *La muerte de Iván Ilich* se condensa de una forma magistral la actitud de la disponibilidad del cuidador:

> —¿Qué tienes que hacer todavía?
> —¿Qué tengo que hacer? Ya lo he hecho todo salvo cortar leña para mañana. [...]
> —¿Y qué de la leña?
> —No se preocupe señor. Hay tiempo para ello.
> Iván Ilich dijo a Gerasim que se sentara y le tuviera los pies levantados y empezó a hablar con él. [...]
> Iván Ilich se sentía a gusto solo con él. Se sentía a gusto cuando Gerasim pasaba a veces la noche entera sosteniéndole las piernas, sin querer ir a acostarse, diciendo: «No se preocupe, Iván Ilich, que dormiré más tarde».[185]

Tolstói muestra con nitidez que uno de los pilares de la relación clínica es la disponibilidad, una virtud que consiste en incorporar al otro en la propia vida. Esto implica que el profesional de la salud debe descentrarse de sí mismo para responder a las necesidades del otro. Recuperar la imagen de un Gerasim disponible, organizado y que dedica el tiempo suficiente y adecuado para cuidar de Iván Ilich es sin duda una forma de ayudarnos a repensar en el contexto clínico cómo cuidar en una sociedad y unas organizaciones sometidas al torbellino de la aceleración y la cronodependencia.

184   *Ibid.*, p. 95.
185   L. Tolstói, *La muerte de Iván Ilich. Hadyi Murad*, *op. cit.*, pp. 76-78.

- Tomar conciencia tanto de la importancia como del sentido que tiene el cuidado ante la vulnerabilidad de la persona.
- Disponer de estrategias que permitan establecer prioridades en las demandas de la persona y/o de su entorno significativo.
- Reflexionar para mejorar cuál debe ser la distribución del tiempo, tanto a nivel individual como de equipo, para cuidar con excelencia.
- Recuperar espacios de tiempo para establecer relaciones de cuidado más satisfactorias.
- Colaborar con el equipo multidisciplinar en el cuidado de la persona.
- Participar de manera activa e implicarse a conciencia en el diseño de políticas institucionales que garanticen un cuidado de calidad.

La veracidad

Desde la medicina hipocrática (siglo v a.C.) hasta finales del siglo xx la medicina se ha caracterizado por lo que conocemos como paternalismo médico, esto es, tratar al paciente de acuerdo con lo que se considera le hará bien, sin tener en cuenta lo que realmente es para él su propio bien. Según Beauchamp y Childress el paternalismo es una desautorización intencionada de las preferencias de una persona con el propósito de beneficiarla o evitarle un daño.[186] Para ilustrar la importancia que el paternalismo

---

186   T.L. Beauchamp, J.F. Childress, *Principios de ética biomédica, op. cit.*, p. 260.

médico ha tenido a lo largo de la historia es interesante recuperar este fragmento del tratado hipocrático *Sobre la decencia*:

> [Médico] Haz todo esto con calma y orden, ocultando al enfermo, durante tu actuación, la mayoría de las cosas. Dale las órdenes oportunas con amabilidad y dulzura, y distrae su atención; repréndele a veces estricta y severamente, pero otras, anímale con solicitud y habilidad, sin mostrarle nada de lo que le va a pasar ni de su estado actual; pues muchos acuden a otros médicos por causa de esa declaración, antes mencionada, del pronóstico sobre su presente y su futuro.[187]

Para los griegos y para los que han seguido la tradición hipocrática el paternalismo médico se ha considerado un signo de distinción profesional, de calidad ética. Tanto es así que veinticinco siglos después vemos que el célebre médico español Gregorio Marañón se mueve exactamente en el mismo paradigma griego cuando afirma en uno de sus ensayos: «El médico, pues —digámoslo heroicamente— debe mentir. Y no solo por caridad, sino por un servicio de la salud. ¡Cuántas veces una inexactitud, deliberadamente imbuida en la mente del enfermo, le beneficia más que todas las drogas de la Farmacopea!».[188]

Esta tradición, que ha visto con buenos ojos el paternalismo médico, ha generado el fenómeno que se conoce como la «conspiración del silencio». En *La muerte de Iván Ilich* se cuestiona —aunque sea en un sentido metafórico— toda la tradición médica y social sobre la mentira piadosa y la conspiración del silencio. Para el autor, los efectos de la mentira piadosa son devastadores. En el relato se ve reflejada la mentira de los médicos, de la

---

187   Citado por P. Simón Lorda, «El consentimiento informado y la participación del enfermo en las relacionas sanitarias», *Medifam*, 5(5) (1995), p. 265.
188   *Ibid.*, p. 268.

familia y de la sociedad. Recordemos aquel momento tan crudo en el cual el juez mira al médico queriéndole decir: «¿Pero es que usted no se avergüenza nunca de mentir?», o aquella escena en la que toda la familia alrededor del enfermo tiene la necesidad imperiosa de romper el silencio, «pero nadie se atrevía a intentarlo. Les aterraba que de pronto se esfumase la mentira convencional y quedase claro lo que ocurría de verdad».[189] Recordemos que Tolstói también indica el efecto perverso que tiene la mentira en el enfermo. El principal problema de Iván Ilich era la mentira:

Y le atormentaba esa mentira, le atormentaba que no quisieran admitir que todos ellos sabían que era mentira y que él lo sabía también, y que le mintieran acerca de su horrible estado y se aprestaran —más aún, le obligaran— a participar en esa mentira.[190]

Gerasim, desde la autenticidad de su vida, lejos de cualquier falsedad, decide no participar en esta «conspiración del silencio» y alejarse de la mentira angustiosa que se construye alrededor de Iván Ilich. El *mujik* siente que la verdad se debe comunicar con naturalidad. Así, en el texto de Tolstói se muestra un Gerasim comprometido con la verdad: «Incluso se lo dijo una vez con toda franqueza cuando Iván Ilich insistió para que se fuese: —Todos nos moriremos».[191] Y contrariamente a lo que piensan la familia y los médicos, el enfermo se siente mejor ante la verdad que ante la hipocresía colectiva de la mentira. La mentira causa dolor al enfermo porque se siente decepcionado, ofendido, menospreciado en su dignidad. Sin embargo, el acto de mentir también genera malestar e incomodidad porque uno mismo no se

---

189 L. Tolstói, *La muerte de Iván Ilich. Hadyi Murad*, *op. cit.*, p. 89.
190 *Ibid.*, p. 77.
191 L. Tolstoi, *La muerte de Iván Ilitch*, Barcelona, Juventud, 1999, pp. 110-111.

puede manifestar con naturalidad. Entonces, como ejemplifica Iván Ilich, la conversación se convierte en artificio y la mirada en deslealtad, provocando el incremento significativo del malestar físico y emocional del enfermo.

Tolstói, anticipándose a los cambios que más tarde vivirán la medicina en particular y las ciencias de la salud en general en la gestión de la comunicación de la verdad, presenta a un Gerasim sincero, un hombre que es sincero porque la veracidad es parte integral de su forma de vivir y de relacionarse con los demás. Él vive en la verdad, y en este estilo de vida auténtico, natural, no hay espacio para la mentira. Es más, Gerasim es a la vez un excelente comunicador de la verdad. Sabe en qué momento tiene que hablar y en qué momento debe callar, y cuando dice la verdad lo hace con tanta habilidad que no abre nuevas heridas al enfermo, más bien al contrario, lo sosiega. A él no le hace falta aprender a decir la verdad, no tiene que hacer esfuerzos sobrehumanos para comunicar la realidad, porque el *mujik*, descrito por Tolstói, es el reflejo de la autenticidad. En su vida no hay artificialidad, solo aceptación de la verdad.

La virtud de la veracidad-autenticidad todavía genera, por el peso de la tradición, muchas dificultades y reticencias en el ámbito clínico. Podríamos decir que es uno de los aspectos más controvertidos de la ética del cuidado. A pesar de que los códigos de ética de las profesiones sanitarias se han alineado en el respeto a la autonomía de la persona, aún existe un intenso y largo trabajo a realizar en torno a la virtud de la veracidad. El escritor ruso, de una manera magistral, dibuja no solo una manera de comunicar la verdad cuando la realidad no es la que desearíamos (enfermedad, sufrimiento, muerte), sino una manera de ser y de vivir que acepta, con naturalidad, las consecuencias lógicas y naturales de la fragilidad humana.

- Respetar el derecho de la persona a recibir información, si así lo desea.
- Promover procesos de comunicación que permitan decir la verdad.
- Adaptar el proceso de información a las necesidades de la persona.
- Conocer y respetar la gestión de la información por parte de la persona.
- Ofrecer soporte a la familia, o al entorno cercano, para que comprenda cuáles son las necesidades informativas de la persona.
- Pactar el proceso de información con el equipo asistencial, especialmente en el caso de las malas noticias.
- Dar la información necesaria de forma comprensible a la persona para facilitar la toma de decisiones tanto en caso de competencia (consentimiento informado) como en situación de incompetencia (documento de voluntades anticipadas o planificación anticipada de decisiones sanitarias).

La competencia

La competencia es una de las virtudes básica e indispensables en el ejercicio del cuidar. Gerasim es un *mujik* pobre y analfabeto que encarna a la perfección el ideal de la competencia profesional: por un lado, dispone de la destreza y de las habilidades técnicas necesarias para desarrollar la tarea del cuidar; por otro, ha adquirido unos rasgos de carácter que lo hacen competente éticamente. Iván Ilich reconoce en la forma de cuidar del *mujik* tanto la competencia técnica como la competencia ética. El enfermo descubre el valor de la competencia porque no hay nada más reconfortante que ver cómo el cuidador hace bien lo que está haciendo.

En el aspecto técnico, Gerasim le ayuda delicadamente en las cuestiones más íntimas: la higiene personal, la alimentación, vestirse; también le ayuda con gran habilidad en los desplazamientos que Iván Ilich no puede realizar por sí mismo; le levanta las piernas en la medida justa, durante horas, para que no sienta el dolor abrumador que lo consume... El enfermo, al observar el conjunto de habilidades prácticas de su cuidador, dice: «—Gracias. ¡Qué bien y con cuánto tino lo haces todo!». La competencia de Gerasim también es destacable en el aspecto ético; el *mujik* está siempre a su disposición, lo trata con delicadeza y paciencia, lo comprende y consuela, lo escucha y le habla con autenticidad. Todas las virtudes de Gerasim lo convierten en un hombre bueno, de ahí que Iván Ilich, el enfermo moribundo, quede admirado también ante el comportamiento de su cuidador: «Gerasim hacía todo ello con tiento y sencillez, y de tan buena gana [...] que conmovía a su amo».

La competencia de Gerasim se inscribe en el proyecto de perfeccionamiento moral promovido en la filosofía moral de Tolstói. Hacer el bien es un modo de acercarse a la felicidad. Sin embargo, es interesante darse cuenta de que este ideal existencial de perfeccionamiento moral reflejado en la novela no olvida la competencia técnica en el cuidado del otro. Tolstói establece una correspondencia entre la competencia ética y la competencia técnica como un tándem irrompible. Este equilibrio entre las dos dimensiones es muy importante, y hay que tenerlo muy presente, sobre todo en un contexto clínico altamente tecnificado y en el cual a menudo se privilegia el aspecto técnico por encima del aspecto más humano. El gran bioeticista Edmund D. Pellegrino alerta de que gracias al poder científico-tecnológico «por primera vez, la medicina puede curar sin tener que cuidar».[192] Este hecho rompe el vínculo histórico entre curar y cuidar. En esta misma línea, en su ensayo sobre la confianza Jovell muestra que la nueva organización laboral, orientada sobre todo a la obtención de resultados, hace que «se contraten habilidades más que personas», y que se gratifique mejor la capacidad de la persona de adaptarse al trabajo que la posibilidad de mejorarlo;[193] esa tendencia creciente genera un desequilibrio entre la dimensión técnica y ética de los profesionales.

En el ámbito clínico no se trata de revertir, en ningún caso, la situación y privilegiar la competencia ética por encima de la competencia técnica, sino de encontrar un equilibrio, una armonía, entre las dos dimensiones para lograr, al estilo de Gerasim, la excelencia profesional, esto es, ser un buen profesional (aspecto técnico) y un profesional bueno (aspecto ético).

La competencia en el contexto
de las ciencias de la salud. Actitudes profesionales

- Respetar y promover la dignidad de la persona en el ejercicio del cuidar.
- Reflexionar críticamente sobre el nivel de competencia profesional, tanto a nivel individual como colectivo.
- Disponer de los conocimientos, habilidades y actitudes para desarrollar la profesión.
- Garantizar que todo el equipo multidisciplinario actúa con competencia, en el doble sentido.

192   Citado por M. Esquerda y H. Roig, «¿La bioética podrá salvar la medicina del siglo XXI?», *Bioética & debat*, 21(75) (2015), p. 14.
193   A. Jovell, *La confianza. En su ausencia, no somos nadie*, Barcelona, Plataforma, 2007, pp. 110-111.

- Facilitar desde la organización el aprendizaje en los nuevos profesionales.
- Colaborar en el aprendizaje de nuevos profesionales.
- Facilitar desde la organización la actualización de conocimientos, habilidades y actitudes de todos los profesionales en ejercicio.
- Participar en actividades de formación para actualizar la competencia profesional en el desarrollo del ejercicio profesional.
- Aplicar conocimientos que estén basados en la evidencia científica y al mismo tiempo generar conocimiento a partir de la investigación acorde con las declaraciones éticas de referencia.

La confianza

La relación de cuidado que presenta *La muerte de Iván Ilich* transmite con claridad la importancia de la virtud de la confianza. Iván Ilich confía plenamente en Gerasim, confía en él con los ojos cerrados. Lo demuestra el hecho de que el enfermo a menudo tiene la necesidad de hablar con su cuidador, de abrirse y de comunicarse con él: «Iván Ilich llamaba de vez en cuando a Gerasim, le ponía las piernas sobre los hombros y gustaba de hablar con él». La confianza del amo hacía su criado es tal que el enfermo desea que su cuidador esté a su lado y le haga compañía tanto tiempo como sea posible.

La confianza no es siempre un hecho espontáneo, es más bien una conquista por parte del cuidador:

Confiar es, en sentido puramente etimológico, tener fe en alguien, en alguna institución o proyecto. Es apostar, creer en lo que el otro dice y en lo que promete. Consiste en depositar las esperanzas personales en el otro. [...] Saber que puedes confiar en una persona es tener la certeza de que no te fallará.[194]

En la relación con Gerasim, Iván Ilich descubre precisamente la certeza de que el *mujik* no le fallará, que está ahí para cuidarlo en su trayecto final. Es cierto que en el cuidado la confianza está muy relacionada con la competencia del cuidador, tanto a nivel técnico como ético. Se confía en las personas que sabemos que nos ayudarán (dimensión ética) y que no nos harán daño intencionadamente (dimensión técnica). La confianza significa a la vez «competencia y compromiso»:

> Competencia científica y técnica, sin duda, porque fundamentalmente el paciente quiere habérselas con un profesional que sabe lo que hace. Pero también compromiso del profesional con el bien y con el interés del paciente, lo que significa un cierto altruismo, solidaridad, compasión, y también respeto y sinceridad.[195]

Se confía también en las personas que ejercen la tarea del cuidado desde el respecto a la dignidad inherente a la persona. Jovell recuerda que hay una conexión entre la virtud de la confianza y la verdad, porque quien confía en alguien espera que la confianza sea cierta.

> El filósofo inglés Bernard Williams hace mención a la similitud existente en la lengua inglesa entre los conceptos de *trust* (confianza) y de *truth* (verdad). [...] Estos significados son los que permiten situar la confianza en el ámbito de los valores morales y de las virtudes.[196]

---

194   F. Torralba, *La confiança*, Lleida, Pagès Editors, 2009, pp. 23-24.
195   V. Camps, «La excelencia en las profesiones sanitarias», *Humanitas. Humanidades Médicas*, 21 (2007), p. 19.
196   A.J. Jovell, *La confiança*, *op. cit.*, pp. 41-42.

Uno de los elementos centrales de la confianza entre Gerasim e Iván Ilich se debe precisamente a este vínculo entre confianza y verdad. El *mujik* se gana la confianza del amo porque en todo momento es fiel a la verdad, es más, vive en la verdad, y por eso es «el único que no miente».

Gracias a la confianza que el campesino es capaz de generar en su amo, consigue que la relación sea agradable y cómoda para los dos. Sin confianza la relación de cuidado está destinada, inevitablemente, al fracaso. Tolstói coloca en el centro de su ética del cuidado la virtud de la confianza. Beauchamp y Childress, como tantos otros autores del ámbito de la bioética clínica, advierten que la virtud de la confianza, eje central de la relación clínica, se está erosionando y desvaneciendo. Como consecuencia, los documentos de consentimiento informado proliferan no como una herramienta de promoción de la autonomía de las personas, sino como un instrumento de protección legal para los profesionales de la salud.[197] Camps también se pronuncia sobre este aspecto; en su opinión, hay que «corregir acertadamente esa perspectiva paternalista que funcionó durante siglos. Y corregirla no hacia el contrato, sino hacia una relación de confianza».[198]

La confianza es uno de los pilares fundamentales de la relación de cuidado. Por esta razón, en un contexto social a menudo adverso y desconfiado, el profesional de la salud debe convertirse, con su saber hacer y con su saber estar, en un profesional merecedor de confianza para poder desarrollar correctamente su quehacer.

---

197   T.L. Beauchamp, J.F. Childress, *Principios de ética biomédica*, *op. cit.*, pp. 452-453.
198   V. Camps, *La excelencia en las profesiones sanitarias*, *op. cit.*, p. 19.

- Demostrar competencia técnica a la persona y su entorno significativo en el desarrollo del cuidado.
- Actuar de acuerdo con unas actitudes que generen confianza a la persona y a su entorno.
- Establecer una relación de cuidado en la cual la persona confíe que se va a respetar su autonomía y su capacidad de tomar decisiones.
- Desarrollar habilidades comunicativas y practicar una escucha activa, comprensiva y respetuosa.
- Facilitar espacios en los que la persona pueda expresar sus pensamientos, sentimientos, emociones y, al mismo tiempo, respetar sus silencios.
- Diseñar estrategias para hacer una buena gestión del tiempo en el cuidado.

La paciencia

La humanidad siempre ha considerado la paciencia una virtud importante. Tanto es así que Ramón Llull decía que «la mejor y mayor virtud del hombre es la paciencia», o Rainer Maria Rilke escribió que «la paciencia lo es todo». En *La muerte de Iván Ilich* esa virtud también adquiere un papel destacado. Tolstói ilustra con acierto el doble significado de la paciencia. Gerasim es una persona paciente, serena y tranquila que cuida con calma un *paciente*, que en sentido etimológico significa «el que sufre». Iván Ilich es un paciente angustiado y desesperado ante su situación.

El novelista presenta nuevamente el contraste entre el amo y el criado. El amo representa la vida impaciente, un hombre nervioso y obstinado por cambiar su destino, mientras que el criado refleja un modelo de vida paciente que acepta con serenidad el destino inevitable de la muerte. Gerasim con su estilo paciente comprende que hay fenómenos que podemos cambiar, porque dependen de nosotros mismos, y otros que no está en nuestras manos modificarlos. En este sentido, la paciencia no se traduce necesariamente en pasividad, también puede ser motor de actividad y transformación. El campesino decide, por ejemplo, el modo como cuida de Iván Ilich, pero no decide sobre el curso natural de la enfermedad. Y ante lo que no puede ser de otra manera la paciencia le ayuda a vivir la realidad con serenidad y paz interior.

En el relato vemos un *mujik* que «siempre está tranquilo» y cuida al enfermo con suma paciencia: le limpia el orinal, le acerca la silla, le pone el cojín debajo de los pies, lo escucha, le hace compañía. Gerasim responde con diligencia a las necesidades de Iván Ilich, siempre que es necesario, con calma y comprensión, porque sabe que lo que hace lo hace por una persona enferma y vulnerable. La paciencia de Gerasim nace en su fuerza interior. Se trata, como toda virtud, de una forma de vivir arraigada en el ser, en la naturaleza de la persona.

Tolstói muestra un Gerasim que no se altera ante las contrariedades, ni las que lo afectan a él ni las que afectan a Iván Ilich, porque las acepta con naturalidad, sin ningún atisbo de violencia interior. La paciencia del cuidador es fruto de su experiencia personal, de su temple para afrontar los embates existenciales, del sentido que da a la vida. La única preocupación del *mujik* es vivir para los otros, y ahora vive para Iván Ilich. De ahí que cuide al enfermo con paciencia y equilibrio, sin estrés, respetando y adaptándose a sus ritmos.

En el día a día tanto a nivel personal como de las organizaciones sanitarias a menudo prevalece más la impaciencia y el nerviosismo que la paciencia, y en ese contexto es difícil encontrar el clima necesario —la paciencia de Gerasim— para un cuidado de calidad. El personaje de Tolstói nos invita a incorporar esa virtud, y para ello debemos distanciarnos de la vida agitada, veloz, estresada que ahoga, para reencontrar una vida personal y profesional serena, tranquila y paciente, para que cada acto se pueda hacer con el tiempo y con el ritmo que le corresponde. El cuidado es una tarea tan decisiva, tan trascendente, tan llena de sentido, que hay que desarrollarla con espíritu paciente.

La paciencia en el contexto
de las ciencias de la salud. Actitudes profesionales

- Reflexionar sobre la vulnerabilidad humana para comprender y responder mejor a las demandas explícitas o implícitas de la persona.
- Crear espacios de trabajo tranquilos, sosegados y alegres.
- Desarrollar estrategias para mejorar la autorregulación emocional en el cuidado de la persona.
- Identificar elementos del ejercicio profesional, del equipo multidisciplinar y de las políticas organizativas que no contribuyen a cultivar la paciencia, y a la vez proponer cambios de mejora.
- Saber comunicar adecuadamente los límites ante las expectativas de la persona, o de su entorno, cuando no son asumibles por el profesional o la institución.

La comprensión

No sería fácil encontrar en la historia de la literatura una obra que exprese con la misma intensidad la comprensión ante el vulnerable como *La muerte de Iván Ilich*. Tolstói, en tres ocasiones consecutivas, pone en labios de Gerasim la misma pregunta. Una pregunta que condensa la máxima comprensión del *mujik* ante la situación física y psíquica que vive Iván Ilich: «¿Por qué no debería encargarme de esa pequeñez? Usted está enfermo».[199] Qué manera más simple, pero más profunda de enfatizar la virtud de la comprensión.

El texto que hemos seleccionado, y del cual extraemos las virtudes de Gerasim, está lleno de momentos en los que el *mujik* se muestra comprensivo con su amo; le dice que no se preocupe por que tenga que ayudarlo en sus necesidades fisiológicas más básicas; que no se inquiete cuando tenga que dejar de realizar otras tareas precisamente porque debe cuidar de él. Sin embargo, uno de los momentos en que el campesino se muestra especialmente comprensivo es cuando observa y se da cuenta de que Iván Ilich necesita compartir la verdad, es decir, vivir —como él— en la verdad, y por esa razón no participa de la mentira que se ha construido alrededor del enfermo. Gerasim comprende que debe hablar con franqueza a su amo moribundo y que no tiene ningún sentido participar, o ser cómplice, de la vida inauténtica de la mentira.

Gerasim es un hombre comprensivo, y así lo percibe Iván Ilich. El enfermo capta que es comprendido y por ello confía en su criado. Lo vemos cuando el juez dice: «Veía que nadie se compadecía de él, porque nadie quería siquiera hacerse cargo de su situación. Únicamente Gerasim se hacía cargo de ella y *lo trataba con cariño*».[200] La comprensión del *mujik* hacia su amo es paradójica: Gerasim es un esclavo de Iván Ilich, y a pesar de este fuerte condicionante se sobrepone a la situación y es capaz de entender y comprender a Iván Ilich, un hombre que pertenece

199   L. Tolstoi, *La muerte de Iván Ilitch*, *op. cit.*, p. 106.
200   Adaptación de L. Tolstói, *La muerte de Iván Ilich. Hadyi Murad*, *op. cit.*, p. 77.

a un mundo muy diferente, u opuesto, al suyo. Y lo hace sin prejuicios. El siervo comprende sin haber sido comprendido previamente. El amo, antes de la enfermedad, nunca se había hecho cargo de la situación personal de su humilde sirviente, porque el criado, considerado un ser inferior, era invisible para él. Malraux decía que «juzgar es evidentemente no comprender, porque si se comprendiera, no se podría juzgar».[201]

Para comprender al otro, para captar su estado anímico, hay que estar dispuesto a una doble acción: en un primer momento es importante la introspección para comprendernos a partir de nuestras grandezas y pequeñeces; esta acción permite después entrar mejor en el mundo ajeno, a veces muy diferente pero tan humano como el nuestro. Por ello conviene, si realmente tenemos el deseo de comprender al otro, dejar de lado las preconcepciones y los prejuicios y entrar con una mirada limpia, de respeto, en la vida de la persona en situación de vulnerabilidad. En el arte del cuidar se comprende la situación ajena cuando se mira el rostro del otro y vemos lo que siente y lo que espera, cuando se escucha lo que sale de los rincones de su interioridad, cuando uno se acerca con interés y sensibilidad a todo aquello que afecta su vida.

El desarrollo de la actividad profesional en el contexto sanitario con frecuencia requiere dar respuestas inmediatas, especialmente a nivel técnico. Esa rapidez de acción, necesaria en los aspectos técnicos, puede favorecer sin querer la aparición de actitudes, juicios de valor y comentarios también inmediatos, sin tiempo de reflexión, y que generan aproximaciones un poco superficiales en relación con la vida de las personas a quien se presta atención. En cambio Gerasim es un maestro en la comprensión de la vida del otro. A pesar de la aparente separación entre el mundo del yo y el mundo del tú, el *mujik* comprende desde la profundidad.

---

201   Citado por A. Comte-Sponville, *Pequeño tratado...*, *op. cit.*, p. 134.

*La comprensión en el contexto
de las ciencias de la salud. Actitudes profesionales*

- Acercarse al otro sin prejuicios o preconcepciones, sino con actitud abierta, transparente e imparcial.
- Velar por que las políticas institucionales, o modos de organización, respeten la pluralidad cultural, ideológica, religiosa.
- Crear espacios y poner las condiciones para que la persona pueda expresarse libremente.
- Respetar que el otro pueda ser él mismo.
- Comprender las situaciones, sentimientos, acciones desde la globalidad de la persona.
- Realizar un trabajo personal y de equipo para crecer en la comprensión de la realidad, esto es, la comprensión de mundos distintos a los nuestros.

La afabilidad

La compasión que Gerasim siente por Iván Ilich es tan auténtica que se traduce en un trato afable y lleno de sensibilidad: «Gerasim hacía todo ello con tan notable afabilidad». La virtud de la afabilidad está estrechamente relacionada con la empatía, la capacidad de sentir lo que siente el otro. Básicamente, Tolstói concreta en cuatro aspectos la afabilidad en el cuidado: el respeto a la intimidad, la escucha activa, la delicadeza en el trato y el cuidado del entorno.

El respeto a la intimidad: Gerasim se muestra extremadamente delicado en el momento en que Iván Ilich, después de levantarse del orinal, no tiene fuerza para subirse el pantalón y queda medio desnudo ante el *mujik*. Gerasim en medio de una situación de máxima debilidad, le ayuda, pero «sin mirarlo» directamente.

El campesino aparta delicadamente la mirada porque quiere respetar su intimidad corporal y a la vez su intimidad psicológica. Él comprende que no debe ser fácil para un juez joven y poderoso verse de pronto desvalido y abandonado.

Tolstói, sin haber vivido en la «sociedad de la transparencia», pero fiel a la tradición hipocrática, nos enseña que cuidar de la persona exige el respeto a su intimidad. En el contexto clínico actual, la delicadeza ante la dimensión íntima es una asignatura pendiente. El trabajo en equipo, la informatización de los datos de salud, la falta de conciencia de los profesionales sobre esta cuestión hace que no se proteja lo suficiente la intimidad de las personas atendidas por parte de los profesionales de la salud.

La escucha activa: otro aspecto vinculado a la afabilidad es la capacidad de Gerasim para escuchar a Iván Ilich. Tolstói, en el relato, repite dos veces que al enfermo «le gustaba hablar con él [Gerasim]». El *mujik* se predispone, generosamente y pacientemente, a escuchar a su amo, porque intuye que necesita expresarse. Hay distintos fragmentos a lo largo de la obra en los cuales Tolstói ejemplifica cómo, excepto Gerasim, nadie está dispuesto a escuchar a Iván:

> Entró Praskovya Fyodorovna, satisfecha de sí misma pero con una punta de culpabilidad. Se sentó y le preguntó cómo estaba, pero él vio que preguntaba solo por preguntar y no para enterarse, sabiendo que no había nada nuevo de que enterarse.[202]

Muy pocos saben escuchar. Gerasim, consciente de que él es el único con quien el enfermo se puede comunicar abiertamente, responde decididamente a esta necesidad porque sabe que esto es beneficioso para Iván Ilich, y puede contribuir a sacarle de su

---

202   L. Tolstoi, *La muerte de Iván Ilitch. Hadyi Murad*, *op. cit.*, p. 87.

aislamiento. La escucha reconcilia, sana, redime.[203] La predisposición de Gerasim para escuchar sirve de modelo para mejorar la relación de cuidado. Pero solo se puede escuchar desde la generosidad del tiempo. Escuchar es dar tiempo al otro para que hable sin juzgarlo. Gerasim sale de la *totalización del tiempo del yo* para redescubrir el *tiempo del otro*.[204] Para realizar una escucha activa debemos alejamos del ruido, las prisas, la sobrecarga de tareas, la burocracia que impera en casi todas las instituciones sanitarias.

La delicadeza en el trato: Gerasim dispensa un trato exquisito a Iván Ilich con su manera de ser y de hacer. Hemos visto que todo lo hace con delicadeza: es cuidadoso con el lenguaje, usa las formas de cortesía establecidas en su época, y tiene tacto, en el sentido metafórico:

> Tener tacto en este sentido es saber decir aquello que toca decir y saber callar cuando es oportuno. Significa saber retirarse en el momento adecuado y saber adoptar la posición física adecuada en la situación que se está viviendo. Es saber estar, saber decir, saber callar, saber marcharse a tiempo, saber, en definitiva, lo que se debe hacer y lo que no se debe hacer en un momento determinado. Es una especie de sabiduría práctica.[205]

Tolstói destaca la importancia del tacto —tocar físicamente al otro— en el arte del cuidar. La imagen más emotiva del poder del tacto se manifiesta cuando el *mujik* sostiene las piernas de Iván Ilich, y con este gesto minimiza su dolor. El contacto físico traslada tanto al cuidador como a quien es cuidado a una esfera de intimidad, porque «el tacto representa proximidad y encuen-

203   B.-C. Han, *La expulsión de lo distinto*, Barcelona, Herder, 2017, p.122.
204   *Ibid.*, p. 123.
205   F. Torralba, *Cent valors per viure. La persona i la seva acció en el món*, Lleida, Pagès Editors, 2001, p. 142.

tro con el otro. Mediante los gestos que hacemos mostramos un abanico muy amplio de estados de ánimo y de sentimientos. Muchas veces los gestos revelan más significado que nuestras pobres palabras».[206] Iván Ilich expresa la necesidad del contacto físico: «Quería que le acariciaran, que le besaran, que lloraran por él, como se acaricia y consuela a los niños».[207] Gerasim es el único que lo comprende y responde a esta necesidad.

Mediante el tacto, tanto en sentido metafórico como literal, Gerasim libera al enfermo de la soledad y del aislamiento que sufre debido a su fragilidad. Si el *mujik* puede tocar a su amo es porque antes ha dado muestras de delicadeza en el trato, y esto ha hecho que se establezca una relación de confianza entre ambos. De todos modos, desde el contexto de la relación clínica, hay que tener muy presente que el lenguaje corporal es cultural y está sujeto a múltiples interpretaciones. En este sentido es importante conocer cómo el otro gestiona esta dimensión con el fin de que la manifestación afectiva del tacto sea bien recibida y aporte los beneficios deseados.

El cuidado del entorno: a Tolstói no se le escapa que la virtud de la afabilidad también afecta la gestión del entorno. El escritor lo ejemplifica con una aparente banalidad: «Gerasim acercó la silla, la colocó suavemente en el sitio».[208] El criado vigila no hacer ruido para no molestar al enfermo. Aunque la novela se fije en este detalle, hay que percatarse de que en la gestión del entorno también hay otros elementos muy importantes en el cuidar. Por un lado, se debe prestar atención al silencio, la luminosidad, la temperatura, la comodidad y la estética del espacio en el cual se cuida a la persona. Por otro lado, se debe velar por la estética (la corporeidad, la manera de vestir) de los profesionales,

206 *Ibid.*, pp. 141-142.
207 L. Tolstoi, *La muerte de Iván Ilitch. Hadyi Murad*, *op. cit.*, p. 78.
208 *Ibid.*, p. 75.

en el sentido de que se desarrollará más adelante en la virtud del cuidado de sí mismo.

*La afabilidad en el contexto
de las ciencias de la salud. Actitudes profesionales*

- Garantizar entornos que preserven la intimidad corporal y psicológica de la persona.
- Facilitar que la persona pueda expresar sus pensamientos, emociones, creencias y valores, a través de la escucha activa.
- Respetar los pensamientos, emociones, creencias y valores de la persona.
- Analizar cuáles son las actitudes profesionales que promueven un buen trato a la persona, y hacer propuestas de mejora.
- Conocer el significado cultural del lenguaje corporal en la relación de cuidado.
- Identificar, a nivel personal, de equipo y de la organización, los elementos del entorno que puedan mejorar el cuidado de la persona.

El consuelo

En *La muerte de Iván Ilich* Tolstói muestra magistralmente la esencia del consuelo. El consuelo aparece en el momento en que se acepta la irreversibilidad de cualquier situación. En este sentido, «tanto quien consuela como quien es consolado saben que su mundo no se podrá cambiar porque la situación dolorosa es insuperable».[209] El consuelo no puede modificar nada, no res-

---

209 J.C. Mèlich, *L'experiència de la pèrdua*, *op. cit.*, p. 85.

taura nada, pero contribuye a hacer más llevaderos el sufrimiento y el dolor que conlleva la propia situación.

Es interesante observar que el autor concentra la descripción de la virtud del consuelo como si quisiera indicar que todo lo que hace Gerasim contribuye a la necesidad de consuelo de Iván Ilich. El *mujik* consuela a su amo porque es el único —junto con Iván Ilich— que comprende y acepta la irreversibilidad de la enfermedad y la muerte. Tolstói también da valor a la figura consoladora del hijo cuando escribe que «aparte de Gerasim, Iván Ilich creía que solo Vasya le comprendía y compadecía».[210] En contraposición al consuelo que ofrece Gerasim, el resto de personas que rodean al enfermo, la familia, las amistades, el servicio, incluso los médicos, incrementan la sensación de desesperación del juez.

Tolstói, a partir de su aversión a la medicina, cuestiona con habilidad la idea de que la única forma que tiene el enfermo para restablecer su salud, o de aliviar su dolor o sufrimiento, es seguir las indicaciones médicas, y que todo aquello que no se ajusta a los cánones de la medicina de la época, o de lo que los médicos o profesionales consideran razonable queda descalificado. Esto se ve claramente en la escena en la cual la esposa de Iván Ilich explica al médico que su marido no obedece las indicaciones médicas:

—Ya ve usted que no me escucha y no toma la medicina a su debido tiempo. Y, sobre todo, se acuesta en una postura que de seguro no le conviene. Con las piernas en alto.

Y ella contó cómo él hacía que Gerasim le tuviera las piernas levantadas.

El médico se sonrió con sonrisa mitad afable mitad despectiva:

—¡Qué se le va a hacer! Estos enfermos se figuran a veces niñerías como esas, pero hay que perdonarles.[211]

210   L. Tolstoi, *La muerte de Iván Ilitch. Hadyi Murad*, *op. cit.*, p. 88.
211   *Ibid.*, p. 84-85.

La dimensión más técnica de la medicina, por más que sea necesaria e imprescindible, a veces no puede resolver los problemas asociados a la dimensión psíquica y social de la enfermedad. Ante la desolación o el lamento del enfermo la tecnología médica experimenta límites, porque solo una persona puede consolar a otra persona. Es la presencia del otro, sus palabras o sus silencios, sus gestos o sus miradas, lo que puede ayudar a soportar las heridas de la existencia.

En este sentido, no podemos pasar por alto un excelente fragmento de la novela, al inicio del capítulo VII:

> [Iván Ilich] cada vez dormía menos. Le daban opio y empezaron a ponerle inyecciones de morfina. Pero ello no le paliaba el dolor. La sorda congoja que sentía durante la somnolencia le sirvió de alivio solo al principio, como cosa nueva, pero luego llegó a ser tan torturante como el dolor mismo.[212]

Y a continuación describe la actuación del *mujik*: «Gerasim levantó aún más las piernas de su amo, y a este le pareció que en esa postura no sentía dolor alguno».[213] Tolstói muestra que la morfina, un opiáceo con efecto anestésico muy fuerte, no es capaz de calmar el dolor del enfermo, en cambio, el *mujik* simplemente cambiándolo con suavidad de posición, con su sola presencia o bien con su traza en el arte del cuidado consigue que Iván Ilich no sienta dolor. El escritor ruso pone de relieve el efecto balsámico que el cuidador tiene sobre el sufrimiento ajeno, y que los tratamientos farmacológicos, o el poder tecnológico, a pesar de que sean necesarios en muchas ocasiones, tienen limitaciones que algunas veces solo pueden ser superados por la actitud consoladora de quien cuida. El consuelo va ligado a la

---

212 *Ibid.*, p. 73.
213 *Ibid.*, p. 76.

dimensión emocional de la persona vulnerable. Consolar a alguien es intentar conseguir su bienestar moral ante una situación de tristeza y pesadumbre. Gerasim es capaz de aligerar la aflicción que vive su amo porque lo comprende, lo acompaña en su sufrimiento, y así consigue establecer una relación en la cual quien cuida reconforta y quien es cuidado se siente reconfortado, a pesar de la irreversibilidad del destino.

El consuelo en el contexto de las ciencias de la salud. Actitudes profesionales

- Reflexionar tanto individualmente como a nivel de equipo sobre la importancia de aceptar la irreversibilidad de determinadas situaciones dolorosas.
- Crear una relación de confianza para que la persona pueda expresar implícitamente o explícitamente sus sentimientos, miedos, penas, disgustos.
- Comprender los sentimientos, miedos, penas, disgustos.
- Desarrollar una comunicación verbal y no verbal adecuada para ofrecer consuelo, tranquilidad, serenidad a la persona y a su entorno significativo.
- Ayudar a reducir situaciones de estrés por parte de la familia o entorno significativo.
- Analizar críticamente cuáles son las actitudes del equipo que generan más tranquilidad a la persona y a su entorno significativo, y promoverlas.
- Analizar las políticas institucionales para comprobar si es necesario introducir cambios para mejorar el acompañamiento a la persona y su entorno significativo.

La alegría

Tolstói presenta a Gerasim «siempre» alegre y sonriente. Hay que fijarse sobre todo en este «siempre». No se trata de una alegría momentánea o cambiante, sino constante, una alegría que se mantiene incluso cuando debe realizar las tareas más desagradables, ya sea como criado o como cuidador. El escritor ruso expresa la manifestación de la alegría del *mujik* a través de su rostro: «La alegría de vivir iluminaba su mirada». Gerasim sonríe discretamente, jamás se ríe con escándalo, es una sonrisa en apariencia débil pero que rezuma una fuerza que llega directamente a Iván Ilich. El enfermo, ante esta sonrisa, percibe el bienestar interior de su cuidador y esto lo hace sentirse bien también a él.

Cuando Tolstói reitera más de una vez que el *mujik* siempre está alegre, quiere transmitir una idea profunda sobre la alegría; es lo que Torralba denomina la «alegría existencial», esto es, una alegría que se encuentra en la persona, en su ser.

> El verdadero horizonte no es *estar* alegre, sino *ser* una persona alegre, participar de esto que podríamos denominar la alegría existencial. Es la alegría por el hecho de ser, no por el hecho de tener esto o tener aquello, ni por el hecho de haber logrado este o aquel objetivo, sino únicamente por el hecho de ser, de existir, de poder formar parte de la realidad. La persona alegre en este sentido no es la que está alegre cuando todo le va bien, sino la que siempre es alegre y procura alegrar a los otros.[214]

Tolstói presenta la alegría de Gerasim en contraposición a la tristeza, la amargura y el mal humor de Iván Ilich. La alegría del *mujik* es el resultado de una manera de ser y de vivir, que Tolstói

214 F. Torralba, *Cent valors per viure, op. cit.*, p. 86.

---

atribuye a la sencillez. Gerasim con su alegría interroga al enfermo, le crea una perplejidad sana.

El criado, que no tiene nada material, ni siquiera libertad porque es un esclavo, lo tiene todo en contra para ser feliz y sin embargo es un hombre alegre. En un fragmento de los *Diarios secretos*, Wittgenstein escribe:

¡Haz las cosas lo mejor que puedas! Más no puedes hacer: y conserva la alegría. [...] Ayúdate a ti mismo y ayuda a los otros con toda la fuerza. Y, al hacerlo, ¡conserva la alegría! ¡Es difícil llevar una vida buena! Pero la vida buena es bella.[215]

Parecen palabras escritas para definir el modo de ser y hacer del *mujik* de *La muerte de Iván Ilich*. Contrariamente a la alegría de Gerasim, Iván Ilich, un juez adinerado y con un estatus elevado en la sociedad rusa, no ha descubierto, salvo algunos momentos de su infancia, qué es vivir alegremente, porque su vida poseída por la obsesión de tener y aparentar no le ha permitido cultivar esa alegría existencial. Es curioso cómo la alegría connatural del *mujik* hace que se cree una relación armoniosa y madura con el amo. El campesino con su sonrisa se hace atractivo, sensible, y por eso el enfermo se siente a gusto con él.

Lev Tolstói era un hombre extremadamente serio, que no sonreía ni reía, porque no conocía lo que era el sentido del humor. Precisamente por esa razón algunos lo han descrito como un hombre de seriedad malhumorada. Este hecho biográfico, junto a la seriedad que caracteriza toda su obra filosófica, tal vez explique por qué no vincula la alegría de Gerasim con el sentido del humor.

Es cierto que la alegría no se debe unir necesariamente con el sentido del humor. Pero cada vez más se va dando importancia a la virtud del humor. Por ejemplo, el suizo Thierry Collaud, en su antropología de la vulnerabilidad, considera que el humor

---

215   Citado por F. Torralba, *La serenitat*, Lleida, Pagès Editors, 2008, p. 75.

es una virtud que puede mejorar la relación de cuidado. El filósofo francés André Comte-Sponville también da gran valor al humor, y lo diferencia de la ironía. La ironía es reírse de aquello que se odia o se desprecia, en cambio, el humor es reírse de lo que se ama y se aprecia:

> El humor es una conducta de duelo (se trata de aceptar incluso lo que nos hace sufrir), y en eso se diferencia de nuevo de la ironía, que sería más bien asesina. La ironía hiere; el humor cura. La ironía puede matar; el humor ayuda a vivir. La ironía quiere dominar; el humor libera. La ironía es despiadada; el humor es misericordioso. La ironía es humillante; el humor es humilde.[216]

El humor requiere de una buena gestión para no convertirse en ironía, por eso el sabio Aristóteles recuerda que «el hombre con humor ríe como se debe (ni demasiado mucho ni demasiado poco), cuando se debe y de lo que se debe».[217] En *Ética del humor*[218] Juan Carlos Siurana propone precisamente una nueva teoría ética basada en el humor, con el objetivo de que el sentido del humor sea un elemento clave para mejorar las relaciones humanas en los diferentes ámbitos de nuestra vida social, también en el contexto de la salud y del cuidado.

En un entorno clínico altamente estresante y con relaciones humanas complejas es fácil caer en la tristeza y el mal humor; sin embargo, Gerasim invita a cultivar esa alegría existencial que mejora nuestra vida y la vida de los demás. Porque la alegría ayuda a cuidar, pero también nos cuida a nosotros mismos.

---

216 A. Comte-Sponville, *Pequeño tratado...*, *op. cit.*, p. 223.
217 *Ibid.*, p. 227.
218 J.C. Siurana, Ética del humor. *Fundamentos y aplicaciones de una nueva teoría ética*, Madrid, Plaza y Valdés, 2015.

*La alegría en el contexto
de las ciencias de la salud. Actitudes profesionales*

- Crear un clima alegre en el cuidar que genere bienestar y confianza a la persona y su entorno significativo.
- Utilizar la alegría para reducir la distancia entre el profesional y la persona-entorno.
- Trasmitir alegría y optimismo a las personas para que ellas reproduzcan esa actitud.
- Saber interpretar en qué momento conviene dejar aflorar la alegría y el humor y en qué momento se deben limitar.
- Ayudar a relativizar, o hacer más soportables, situaciones difíciles a través de la alegría y el humor.
- Crear espacios laborales alegres para fomentar la cohesión del equipo.
- Generar conciencia institucional sobre la importancia de la alegría en el ámbito laboral.

El cuidado de sí

Tolstói entendía la vida como un proceso de transformación individual para llegar al perfeccionamiento moral. Y en ese proceso el cuidado de sí es esencial. El cuidado de sí expresa una actitud consigo mismo, con los otros, y con el mundo en general. El cuidado de los demás exige el cuidado de sí porque si uno se descuida, no cuida. La responsabilidad hacia uno mismo es tan relevante que Tolstói nos presenta un *mujik* con una disposición de carácter que hace que el enfermo se sienta muy bien cuidado. Gerasim sonríe, es paciente, comprensivo, servicial, delicado, atento. Todo lo que hace, lo hace con facilidad y con sumo gusto. El compromiso y la respuesta de Gerasim ante el cuidado de Iván Ilich no es fruto de la improvisación, sino de una manera de ser que encuentra el fundamento en su interior, en su manera de entender y vivir la vida. La adquisición de las virtudes, esto es, de hábitos buenos, siempre requiere un proceso de aprendizaje personal. No se trata de una cuestión inmediata, normalmente es el resultado de un largo y profundo trabajo interior.

Aunque el cuidado de sí se dirige a la interioridad, también involucra al cuerpo. Por ello el cuidado de sí reclama prestar atención tanto a los aspectos externos de nuestra vida como a los aspectos internos, porque hay una estrecha conexión entre unos y otros. Los aspectos externos van unidos a la «imagen» exterior que nosotros mismos proyectamos en la forma de vestir, en la higiene personal, en el modo de hablar, en los movimientos del cuerpo. Tolstói se fija en estos rasgos vinculados con la exterioridad; siempre presenta un Gerasim limpio y pulcro, y que viste también de esta misma manera. El escritor ruso insiste en la pulcritud del campesino y hace muchas referencias elogiosas a su corporeidad. Lo describe con un cuerpo joven, lozano, enérgico, vital. En *La muerte de Iván Ilich* el autor establece una íntima relación entre la interioridad y la exterioridad, por esa razón la virtud del cuidado de sí incluye también aspectos externos relacionados con la corporeidad, porque estos son el espejo de la interioridad. El cuerpo es la carta de presentación ante los otros.[219] El cuidado de sí nos ayuda a tomar conciencia del impacto que la corporeidad genera en el otro, no solo en las actitudes, sino también en el cuidado del cuerpo, por ello es tan importante poner de relieve elementos como la higiene personal, la forma de vestir y la estética corporal del cuidador.

Sin embargo, el cuidado de sí pide también —y sobre todo— fijar la atención en los aspectos internos. Así el cuidado de sí

219   F. Torralba, *Cent valors per viure*, *op. cit.*, pp. 77-78.

puede ir asociado al cuidado del alma socrática o agustiniana. A la pregunta ¿cuál es la esencia del hombre?, Sócrates responde de modo inequívoco que «el hombre es su alma», porque según él el alma es nuestra razón, y el origen de nuestra actividad pensante y ética. El sabio Sócrates da, como regla de vida, esta máxima: «Conócete a ti mismo», que tiene una fuerte resonancia con el deseo que Tolstói escribió cuando tenía tan solo diecinueve años: «Me quiero conocer más y más».

Desde otra perspectiva, Agustín de Hipona dice: «No quieras derramarte fuera; entra dentro de ti mismo, porque en el hombre interior reside la verdad».[220] En Sócrates se trata de inclinarse hacia el interior de uno mismo para llevar una vida virtuosa a fin de poder ayudar a los ciudadanos de la *polis* en este mismo camino. Para Agustín el giro interior tiene como finalidad la búsqueda de la verdad (Dios). Tolstói, partiendo de estos paradigmas, presenta un *mujik* con una interioridad muy profunda. Por un lado, socrática, porque su riqueza interior es maestría para los otros, especialmente para Iván Ilich; por otro, agustiniana, porque encuentra su fundamento en la religiosidad.

Es sabido que no se puede cuidar del otro con calidad (excelencia) si uno no tiene cuidado de sí mismo. Esta idea, que a veces revestimos de novedad, encuentra su equivalente en una idea muy antigua:

En el Nuevo Testamento —recuerda Josep M. Esquirol— encontramos esta referencia a un dicho popular: «¡Médico, cúrate a ti mismo!». Y Nietzsche la repite en *Así habló Zaratustra*: «Médico, ayúdate a ti mismo. Así ayudas también a tu enfermo».[221]

---

220   San Agustín, *Obras de San Agustín, vol. IV. De la verdadera religión*, 3.ª ed., Madrid, BAC, 1975. p. 141.
221   J.M. Esquirol, *La resistencia íntima. Ensayo de una filosofía de la proximidad*, Barcelona, Acantilado, 2015, p. 87.

Es interesante darse cuenta de que la finalidad de este cuidado interior, este giro hacia el interior de sí mismo, no es aislarse en el yo, sino que el cuidado de sí es apertura a la alteridad, solicitud hacia la vulnerabilidad del prójimo. En el fondo, el Gerasim de Tolstói se cuida a sí mismo, o se transforma, cuidando y haciéndose cargo de Iván Ilich.

Para promover y facilitar el cuidado de sí se deben encontrar espacios de reflexión, de recogimiento, de diálogo interior, de silencio, porque todas estas experiencias interiores posibilitan una transformación personal que incide directamente en el cuidado del otro. Estos espacios los tenemos que cultivar en nuestra vida diaria y, por supuesto, en nuestra vida profesional. En una sociedad como la nuestra, en la que se fomenta la dispersión, y en un entorno clínico como en el que nos movemos, siempre tan ocupado, tan agitado, tan ruidoso, es difícil cultivar la interioridad y, en definitiva, el cuidado de sí. Pero a pesar de esas dificultades el cuidado personal es necesario si aspiramos a cuidar como Gerasim.

El cuidado de sí mismo en el contexto
de las ciencias de la salud. Actitudes profesionales

- Disponer de estrategias personales y organizativas para facilitar la autorreflexión y el autoconocimiento de los profesionales.
- Promover espacios de reflexión ética en los equipos asistenciales.
- Crear dinámicas de equipo que permitan trabajar de una forma más cohesionada, relajada y silenciosa.
- Sentir la necesidad de cuidarse para cuidar de modo excelente.

CASOS PARA LA REFLEXIÓN A PARTIR DE LA ÉTICA DEL CUIDADO DE TOLSTÓI

La riqueza del modelo de la ética del cuidado de Tolstói extraído de *La muerte de Iván Ilich* brinda la oportunidad de continuar reflexionando sobre las virtudes del cuidado a través de la narración de algunos casos clínicos. El objetivo de este compendio de diez casos, que se corresponden con las diez virtudes del modelo tolstoiano, es ayudar a los profesionales del ámbito de las ciencias de la salud a interpretar y comprender mejor los diferentes aspectos de las relaciones interpersonales para repensar qué actitudes debemos consolidar y cuáles podemos mejorar en el desarrollo del cuidado. Los casos se complementan con algunas cuestiones para iniciar la reflexión. Sin embargo, la reflexión tendrá sentido en la medida en que se convierta en acción transformadora. Nietzsche ya decía que «los pensamientos deben caminar».

Caso 1. La disponibilidad

Miguel es un chico de veintitrés años diagnosticado de esquizofrenia paranoide desde hace cinco años. Vive con sus padres y una hermana más pequeña. En el transcurso de la enfermedad ha hecho reiterados ingresos en la unidad de agudos de psiquiatría, porque a menudo es reacio a tomar el tratamiento y se desestabiliza fácilmente.

Hace solamente cuatro meses que la familia ha aceptado que Miguel acuda al servicio de rehabilitación comunitaria para personas con problemas de salud mental. A la familia le costó aceptar este recurso porque no siempre ha tenido buenas experiencias con los servicios sanitarios y desconfía un poco de los profesionales, pero a pesar de esta desconfianza ahora están contentos. Sin embargo, en las últimas dos semanas Miguel se niega a asistir al servicio, dice que no le gustan las actividades que realizan, que se aburre y que los profesionales lo tratan mal. El chico está muy apático y no quiere salir de casa, se pasa horas y horas tumbado en el sofá sin querer hablar con nadie. No se asea y la familia a veces tiene dificultades para que coma. También se pone verbalmente agresivo.

La madre de Miguel llama al centro y explica la situación. Sandra, la terapeuta ocupacional, la atiende y la tranquiliza porque percibe que está angustiada; además, le comunica que hablará con el equipo de salud mental que habitualmente atiende a Miguel. Al cabo de dos horas la madre de Miguel recibe la llamada de la psiquiatra para darle indicaciones y hacer soporte. La psiquiatra le recuerda que puede llamar al hospital o al club social cuando sea necesario. La madre, cansada de la situación de dependencia de su hijo, agradece muchísimo la disponibilidad de los profesionales para dar respuesta al problema, pues no estaba acostumbrada a la reacción rápida y atenta de los profesionales.

Algunas cuestiones para la reflexión

- ¿Qué condiciones son esenciales para dar una respuesta de calidad a las necesidades de las personas?
- ¿Cómo responder a las necesidades reales de las personas cuando experimentamos dificultades organizativas en las instituciones?

Caso 2. La veracidad

Ángela tiene ochenta y siete años, su pelo blanco siempre tan bien arreglado ha perdido toda forma, su mirada suave y vital se ha disipado, las arrugas dibujadas en su cara ya no tienen la belleza de antes. Su rostro es el de una persona enferma y cansada. Desde hace cuatro meses se le ha diagnosticado un cáncer de páncreas. La familia, a pesar de la previsibilidad de la situación, se ha desestabilizado muchísimo porque consideran que el final llega demasiado pronto. Para aliviar su sufrimiento pretenden ocultarle toda la información posible: «Cuanto menos sepa, menos sufrirá», repite insistentemente su hija, que se pasa horas y horas al lado de su madre para acompañarla y a la vez protegerla de la verdad incómoda que pueden revelarle los médicos.

A pesar del silencio impuesto por la familia, Ángela siente su dolor y sabe que su vida se agota, y no pregunta porque su voz se va, pero su mirada interroga a cualquier profesional que se acerca a ella, confiando que no hace falta hacer preguntas explicitas para obtener una respuesta.

La enfermera, consciente y sensible a la petición de Ángela, considera que debe hacer algo y lo comenta con el médico; ambos después de una reunión de equipo, deciden hablar con la hija para explicarle que es importante dar información a Ángela, para que ella, y también toda la familia, pueda afrontar mejor el proceso inevitable de la muerte.

Algunas cuestiones para la reflexión

- ¿Cuáles son las principales dificultades para comprender y aceptar que son las personas, y no los profesionales, quienes deciden cómo se debe desarrollar el proceso de información clínica?

– ¿Cómo deben organizarse los profesionales y los equipos para gestionar adecuadamente los procesos de información?

Caso 3. La competencia

Sergio es un profesor de educación física que trabaja en un instituto de educación secundaria. Tiene veintisiete años y le encanta correr, el baloncesto y esquiar. Fue precisamente en una competición de esquí que tuvo una caída en la que se rompió los ligamentos cruzados de la rodilla derecha. La recomendación médica ante su problema fue realizar una intervención quirúrgica.

Sergio está muy preocupado por la lesión, la intervención y las posibles secuelas que le puede causar la rotura de los ligamentos cruzados. El traumatólogo, que comprende la angustia del profesor, después de todas las pruebas diagnósticas, le explica de forma comprensible tanto las ventajas como los riesgos de la cirugía, así como el tipo de rehabilitación que deberá realizar. Le cuenta que conoce un equipo especializado en medicina deportiva que está aplicando una nueva técnica de rehabilitación que mejora el rendimiento deportivo posterior en comparación con otras técnicas.

Sergio es un chico fuerte y muy sano que prácticamente no ha tenido contacto con el sistema sanitario en el transcurso de su vida. A pesar del desconocimiento en la forma de trabajar de los profesionales sanitarios, y sin tener demasiados puntos de comparación, en su experiencia personal percibe que su rodilla es importante para el médico, y tiene la confianza que en el quirófano el traumatólogo y su equipo pondrán todo su empeño y competencia para que él pueda volver a trabajar y disfrutar de la actividad deportiva.

- ¿Qué importancia se da tanto desde el ámbito asistencial como de la gestión a la competencia profesional?
- ¿En el desarrollo de la práctica profesional se valora de la misma manera la competencia técnica y la competencia ética?

Caso 4. La confianza

Carmen acude a menudo al médico de la mutua porque padece problemas de ansiedad. Carmen tiene cuarenta y ocho años y es la esposa de un abogado muy prestigioso, que ha tenido responsabilidades políticas importantes. El médico, después de hablar largamente con ella, le receta un tratamiento con benzodiacepinas para darle un poco de tranquilidad, y le recomienda que pida hora para ir a visitar un psicólogo.

Carmen es reacia a la derivación del médico porque no quiere que nadie sepa que tiene ansiedad, y menos que se sepa que su vida no es tan ideal como la gente supone. Le asusta que su situación personal pueda trascender a la esfera pública y esto desestabilice la carrera profesional de su marido. Sin embargo, ella se da cuenta de que cada día va a peor, y aunque está muy asustada decide pedir ayuda a una psicóloga. En las dos primeras sesiones Carmen expresa que tiene un problema familiar, pero se niega reiteradamente a explicar cuáles son las circunstancias reales que le provocan ansiedad.

La psicóloga se da cuenta de que lo que Carmen oculta realmente le hace daño, pero decide darle tiempo, mientras intenta ganarse su confianza. Carmen es una mujer que interpreta un papel social, y no le es fácil contar las intimidades que no se ajustan a la imagen social que ella y su familia proyectan.

Finalmente, la psicóloga, cuando considera que es el momento oportuno, le dice que debe explicarle con sinceridad lo que le pasa porque de lo contrario la terapia no puede avanzar. Y es precisamente en esta ocasión que la profesional le pregunta: «¿Estás preparada para contar la verdad?». Carmen se pone a llorar, pero lentamente empieza a explicar su verdadero problema: la relación con su marido es muy difícil porque ella tiene evidencias de consumo de drogas, y teme que esta adicción arruine la vida de su marido, y la de toda la familia, ya que él no reconoce su problema y no quiere tratarse.

Carmen no sabe cómo ayudar a su marido y esto la desestabiliza emocionalmente. La psicóloga le agradece su confianza, y para tranquilizarla le garantiza la más absoluta confidencialidad de la información. Acto seguido le dice con un tono amable y comprensivo que va a intentar ayudarla.

Algunas cuestiones para la reflexión

- Como profesionales ¿se genera confianza a la persona y a su entorno significativo? ¿Y las políticas institucionales generan confianza social?
- ¿Se detectan las situaciones en las cuales hay una falta de confianza? ¿Se gestionan adecuadamente?

Caso 5. La paciencia

Juan es un camionero de cincuenta y un años que se divorció hace más de diez años. No mantiene ningún contacto con su exmujer ni con su hija, ya que la separación fue muy complicada: su mujer lo acusaba de reiteradas infidelidades y él le recriminaba el hecho de no trabajar y gastar sin control su dinero.

Desde el divorcio él vive solo en un pequeño apartamento a las afueras de una gran ciudad. Juan es diabético y debe realizar controles de salud con regularidad. Hace un tiempo pidió un cambio de enfermera, porque a pesar de que en un principio era muy cuidadoso con la dieta y la administración de la insulina dejó de serlo, y la enfermera, según la versión de Juan, le reñía enérgicamente cada vez que acudía a su consulta.

La relación con Mercedes, la nueva enfermera, es muy buena. En los controles con ella le expresa que «está harto de la carretera, del camión, de la enfermedad», y en seguida empieza a contar con extremo detalle —como ocurre en cada visita— los problemas que hace tiempo que arrastra en el trabajo. La enfermera, aunque tiene la sala de espera llena y conoce en profundidad la situación personal de Juan, lo escucha pacientemente mientras intenta hacer el control del pie diabético. A pesar de la escasez de tiempo la enfermera le da algunas recomendaciones, que normalmente no sigue, y lo escucha nuevamente con atención, porque Juan está bien en la consulta y no tiene ninguna prisa por marcharse. La enfermera le programa una nueva visita, pero intencionadamente le da cita para que acuda a última hora del día, así podrán hablar más tranquilamente, aun sabiendo que Juan repite siempre el mismo discurso.

Algunas cuestiones para la reflexión

– ¿Qué respuesta se da a las demandas de cuidado de la persona y/o su entorno significativo? ¿Cómo influye la presión asistencial en la respuesta?
– ¿Cómo se puede educar la paciencia, personalmente y como equipo en la relación de cuidado?

Caso 6. La comprensión

Pepe tiene sesenta años y es un carpintero vocacional, ama apasionadamente el oficio que ha heredado de su padre y de su abuelo. Sus manos son un tesoro, y con ellas ha creado la mayoría de muebles de los vecinos del pueblo. Pepe es conocido por su simpatía y su gran sentido del humor. Su taller es una mezcla de serrín, polvo y humo, porque se pasa todo el día fumando, a pesar de las amonestaciones médicas; también es hipertenso.

Hace un mes sufrió un accidente cerebrovascular que le ha dejado hemipléjico del lado izquierdo. Después del ingreso hospitalario Pepe vuelve a su domicilio, en el cual convive con su mujer. Una terapeuta ocupacional se ha encargado de hacer las adaptaciones y modificaciones del ambiente necesarias para mejorar su autonomía, y cada día acude a rehabilitación. A Pepe a pesar de conservar su buen humor, se le ve triste y explica al fisioterapeuta que «es muy humillante con sesenta años tener que pedir ayuda a cada momento para hacer las cosas más simples como ir al baño, vestirse o bajar una escalera». El fisioterapeuta lo escucha con atención y no intenta cambiar su perspectiva mintiéndole, simplemente responde: «Lo comprendo perfectamente, y me parece que sé cómo se siente».

Cuando el fisioterapeuta le coge delicadamente la mano para realizar unos ejercicios de reeducación, Pepe le dice mirando su mano rígida e inmóvil: «Sin esta mano mi vida no será jamás la misma: los muebles eran mi vida y ahora yo me he convertido en un mueble sin vida». El fisioterapeuta, con expresión amable, le responde: «Comprendo lo que significa esta mano para usted. Juntos intentaremos darle vida. Hasta dónde lleguemos, eso nos lo dirá el tiempo; ahora su taller está en esta sala».

Algunas cuestiones para la reflexión

- ¿Qué elementos son esenciales para ser sensibles y comprensivos ante las situaciones ajenas?
- ¿Cómo acercarse a la realidad que vive el otro sin juzgarla desde los propios prejuicios?
- ¿En la práctica profesional se crean espacios para que la persona y/o su entorno significativo puedan expresarse libremente?

Caso 7. La afabilidad

Isabel es una chica de treinta y cuatro años que llega a urgencias en ambulancia como consecuencia de un accidente de moto. Llovía mucho y ha resbalado en un paso de peatones. Después de las pruebas diagnósticas se le comunica que tiene una fractura de clavícula que precisa de intervención quirúrgica.

Una vez llega a planta el cirujano la visita junto a una residente. El cirujano pide a la residente que cierre bien la puerta y pase la cortina de separación entre pacientes para proceder a la exploración de la herida. Con tono serio pero amable le explica cómo suelen evolucionar este tipo de fracturas, y el tiempo que deberá permanecer de baja. Al finalizar la exploración el cirujano tapa a Isabel con la sábana y los dos se despiden cordialmente.

Al cabo de un rato, Isabel se queja de mucho dolor y malestar a la enfermera, y le cuenta que lleva dos noches sin poder dormir, porque hay mucho ruido durante la noche, y cuando su compañera de habitación, que es muy mayor y muy dependiente, llama al timbre, las enfermeras o las auxiliares encienden todas las luces y hablan en tono muy alto, como si fuera de día. La enfermera, que a veces también trabaja en el turno de noche y conoce bien esas dinámicas, muy amablemente le dice a Isabel que la comprende y que intentará hacer algo para mejorar su descanso, mientras toma la iniciativa para disminuir su dolor.

Algunas cuestiones para la reflexión

- ¿Cómo se puede mejorar el trato que ofrecemos a la persona y/o su entorno, tanto a nivel profesional como institucional?
- ¿Hay capacidad de analizar críticamente las quejas de la persona y/o su entorno, o nos ponemos de inmediato y acríticamente a la defensiva?

Caso 8. El consuelo

María es una mujer de setenta y ocho años que vive en una residencia desde hace tres años como consecuencia de las limitaciones que le impone la edad tras haber sufrido una poliomielitis durante la infancia. María es de pocas palabras, muy valiente físicamente, pero más bien débil desde el punto de vista anímico. Además de los problemas que conlleva su enfermedad debe cargar con la soledad de no tener familia ni nadie con quien compartir la vida. Desde su desánimo está agradecida a los profesionales de la residencia porque han sabido convertir un edificio inicialmente frío y hostil en su hogar.

María en los últimos años ha ido perdiendo capacidades físicas y actualmente casi no puede hacer nada sin la ayuda de los demás, pero a pesar de esta situación de dependencia, muy desagradable para ella, encuentra consuelo cuando la enfermera a diario se interesa por ella, por sus sentimientos, sus miedos... mientras le cura unas piernas ulceradas e inertes que hace años que han perdido la fuerza.

María nunca reclama explícitamente la atención de los profesionales e intenta no molestar a nadie, especialmente al médico, a quien mira con un respeto casi divino. Pero espera a cada instante que algún profesional de la salud se fije en ella y en las incomodidades de su situación. Espera que le toquen suavemente la espalda en los traslados con la silla de ruedas como signo de complicidad. Espera también que le den un abrazo o momentos de conversación. Cuando esto sucede se siente mejor, más tranquila, más confortada ante su situación.

Algunas cuestiones para la reflexión

– ¿En la práctica profesional hay interés y preocupación por la realidad que vive la persona y/o su entorno? ¿Nos interesan sus sentimientos, miedos, penas?

– ¿Qué habilidades se tendrían que desarrollar, tanto a nivel personal como de equipo, para ofrecer consuelo y serenidad ante las situaciones que lo requieren?

Caso 9. La alegría

Pablo acaba de cumplir once años, es un chico listo y muy reservado. Sus padres lo adoran e intentan complacerlo en todo lo que pueden. A Pablo le gusta comer en abundancia, pero sobre todo le encanta comer bollería, pasteles, dulces. A sus padres, y también a los abuelos, les cuesta poner límites a los deseos del niño, y sin ser demasiado alto ya supera los cuarenta y cuatro kilos.

En la última visita médica el pediatra, con un tono grave y serio, alerta nuevamente a la madre del sobrepeso del niño, y le da consejos prácticos para mejorar la alimentación y el estilo de vida de Pablo. Sin embargo, el niño rechaza de modo taxativo realizar cualquier dieta, y se pone de muy mal humor cuando no puede comer lo que le apetece. La madre, preocupada especialmente por el problema estético y relacional que ocasiona la obesidad a su hijo, concretamente en la escuela, decide acudir a un dietista-nutricionista para que su hijo pierda peso de forma saludable.

Pablo llega al centro masticando el chicle que no ha querido tirar en la papelera situada a la entrada del edificio, accede al ascensor arrastrando los pies en señal de protesta, y cabizbajo decide no saludar al resto de personas que suben en el ascensor. La dietista-nutricionista, al ver a Pablo tan enfadado, le sonríe, y le dice que está encantada de conocerlo. Le habla despacio y con delicadeza, y poco a poco Pablo se va relajando. Seguidamente, con un tono de voz afable, le pregunta sobre sus gustos alimentarios, los horarios de las comidas, las actividades extraescolares que realiza. La dietista-nutricionista lo mira siempre con rostro amable y sonriente. Al final de la consulta la profesional recurre al sentido del humor para fidelizar a Pablo. El niño sonríe vergonzosamente, pero parece que Pablo acudirá a la próxima sesión más relajado, y quizá más motivado.

Algunas cuestiones para la reflexión

– ¿En la relación de cuidado está integrada la alegría? ¿Y el sentido del humor, cuando es pertinente?
– ¿En el sí del equipo se genera un clima de trabajo en el cual haya alegría y sentido del humor?

Caso 10. El cuidado de sí

Marta es una enfermera de diálisis; amable, atenta, siempre preocupada para dar el mejor cuidado a los enfermos, cosa que ellos perciben y agradecen. Su relación con el equipo es buena y normalmente aporta elementos de reflexión interesantes. Es una gran lectora y le apasionan las humanidades. Habitualmente, antes de empezar su trabajo Marta revisa concentrada y en silencio todo lo que deberá hacer.

Una mañana, mientras está canalizando la fístula de una paciente para iniciar la diálisis, Marta escucha que en el control de enfermería una compañera enfermera y un médico discuten abiertamente, casi a gritos, sobre la idoneidad de la continuidad de un tratamiento de diálisis a un paciente con demencia avanzada. La enfermera piensa que se debe plantear la interrupción a la familia y el médico discrepa de esta visión. Marta se disculpa ante la paciente y se dirige al control de enfermería. Rápidamente cierra la puerta y una vez dentro pide calma a los dos compañeros, y les hace una breve reflexión sobre lo que significa para ellos mismos este tipo de relación, y las consecuencias que también tiene para los enfermos que están en la unidad y han presenciado esta escena.

Marta sale del control para no hacer esperar a la paciente que estaba atendiendo, pero antes de salir les advierte que esta situación se tiene que analizar en la reunión de equipo, y pide tanto al médico como a la enfermera, si les es posible, que se disculpen ante los pacientes que están en la unidad y que pudieron haberse sentido incómodos ante esta discusión pública. Cosa que no consigue de ninguna manera. A Marta le incomodan estas situaciones porque ella jamás discute agresivamente con nadie. Ella intenta dialogar, contrastar, mostrar sus desacuerdos con argumentos sólidos y sobre todo con mucha tranquilidad.

Algunas cuestiones para la reflexión

- ¿Cómo podemos potenciar la autorreflexión sobre nuestra conducta profesional para mejorar como profesionales?
- ¿Nos cuidamos cuando cuidamos? ¿Disponemos de estrategias para cuidarnos personalmente y como equipo?
- ¿La institución contribuye a potenciar el autocuidado de los profesionales?

BIBLIOGRAFÍA

ALVES, P.C., «"The Death of Ivan Ilyich" and multiple dimensions of illines», *Ciência & Saúde Colectiva*, 23(2) (2018), pp. 381-388.

APARICIO, E., *L.N. Tolstói,* Madrid, Ediciones del Orto, 1998.

AA.VV., *Así era Lev Tolstói (I)*, Barcelona, Acantilado, 2017.

AA.VV., *Así era Lev Tolstói (II)*, Barcelona, Acantilado, 2017.

AA.VV., *El futuro del cuidado*, Barcelona, Ediciones San Juan de Dios, 2017.

AA.VV., *Nuevas políticas del cuidar*, Barcelona, Edicions Col·legi Oficial Infermeres i Infermers de Barcelona, 2018.

ARISTÓTELES, *Ética nicomáquea*, Madrid, Gredos, 1988.

ARTETA, A., *La compasión. Apología de una virtud bajo sospecha*, Barcelona, Paidós, 1996.

—, *La virtud en la mirada. Ensayo sobre la admiración moral*, Valencia, Pre-Textos, 2002.

AUCOUTURIER, M., *Tolstoï*, París, Seuil, 1996.

BEAUCHAMP, T.L., CHILDRESS, J.F., *Principios de ética biomédica*, 4.ª ed., Nueva York, Oxford University Press, 1999.

BECA, J.P., ASTETE, C. (eds.), *Bioética clínica*, Santiago de Chile, Mediterráneo, 2012.

BENHABIB, S., *El Ser y el Otro en la ética contemporánea. Feminismo, comunitarismo y postmodernismo*, Barcelona, Gedisa, 2006.

—, «Una revisión del debate sobre las mujeres y la teoría moral», *Isegoría*, 6 (1992), pp. 37-63.

Blanch, A., *León Tolstói, un profeta político y evangélico*, Barcelona, Cristianisme i justícia, 2013.

Boff, L., *Virtudes para otro mundo posible (I) Hospitalidad: derecho y deber de todos*, Salamanca, Sal Terrae, 2006.

Busquets, E., «Ètica i estètica del tenir cura», *Annals de medicina*, 91 (2008), pp. 16-20.

—, «La muerte de Iván Ilich entre el paternalismo angustiante y el acompañamiento compasivo», *Bioètica & debat*, 17(62) (2011), pp. 18-22.

—, «Tolstói y su modelo de cuidado», *Revista Rol de Enfermería*, 35(2) (2012), pp. 4-5.

—, «Un modelo de cuidado en Lev Tolstói», en Boladeras, M. (coord.), *Bioética del cuidar. ¿Qué significa humanizar la asistencia?*, pp. 217-225. Madrid, Tecnos, 2015.

Butler, J., *Vida precaria. El poder del duelo y de la violencia,* Buenos Aires, Paidós, 2006.

Camps, V., *El gobierno de las emociones*, Barcelona, Herder, 2011.

—, *El siglo de las mujeres*, 7.ª ed., Madrid, Cátedra, 2018.

—, «La excelencia en las profesiones sanitarias», *Humanitas. Humanidades Médicas*, 21 (2007), pp. 11-21.

—, *La fragilidad de una ética liberal*, Bellaterra, Edicions UAB, 2018.

—, «Los valores éticos de la profesión sanitaria», *Educación Médica*, 16(1) (2015), pp. 3-8.

—, *Virtudes públicas*, 3.ª ed., Madrid, Espasa Calpe, 1996.

Caramore, G., *Paciencia*, Barcelona, Comanegra, 2016.

Cecilio, L.C.O., «A morte de Ivan Ilitch, de Leon Tolstói: elementos para se pensar as múltiplas dimensões da gestão do cuidado», *Interface. Comunicação, Saúde, Educação*, 13 (supl. 1), (2009), pp. 545-555.

Charon R., «Literature and Medicine: Origins and Destinies», *Academic Medicine*, 75 (2000), pp. 23-27.

—, «Narrative Medicine: A model for Empathy, Reflection, Profession and Trust», *JAMA*, 286(15) (2001), pp. 1897-1902.

COMINS MINGOL, I., *Filosofía del cuidar. Una propuesta coeducativa para la paz*, Barcelona, Icaria, 2009.

COMTE-SPONVILLE, A., *Pequeño tratado de las grandes virtudes*, Barcelona, Paidós, 2015.

CRAUFURD, A.H., *The religion and ethics of Tolstoy*, Londres, T. Fisher Unwin, 1912.

CRESSON, A., *Léon Tolstoï. Sa vie, son œuvre, sa philosophie*, París, PUF, 1950.

CURI, U., *La parole della cura. Medicina e filosofia*, Milán, Raffaello Cortina, 2017.

DARGENT, E., «León Tolstói y su pensamiento político: una interpretación de "La muerte de Iván Ilich"». *Themis*, 39 (1998), pp. 299-310.

DAVIS, A.J., TSCHUDIN, V., DE RAEVE, L. (eds.), *Ética de la enfermería. Conceptos fundamentales de su enseñanza*, Madrid, Triacastela, 2009.

DE COURCEL, M., *Tolstoï. L'impossible coïncidence*, París, Hermann, 1980.

DOMINGO MORATALLA, T., FEITO GRANDE, L., *Bioética narrativa*, Madrid, Escolar y Mayo, 2013.

ESQUIROL, J.M., *El respeto o la mirada atenta. Una ética para la era de la ciencia y la tecnología*, Barcelona, Gedisa, 2006.

—, *El respirar de los días. Una reflexión filosófica sobre el tiempo y la vida*, Barcelona, Paidós, 2009.

—, *La resistencia íntima. Ensayo de una filosofía de la proximidad*, Barcelona, Acantilado, 2015.

—, *La penúltima bondad. Ensayo sobre la vida humana*, Barcelona, Acantilado, 2018.

FASCIOLI, A., «Ética del cuidado y ética de la justicia en la teoría moral de Carol Gilligan», *Actio*, 12 (2010), pp. 41-57.

FEITO, L., *Ética profesional de la enfermería. Filosofía de la enfermería como ética del cuidado*, Madrid, PPC, 2000.

—, *Ética y enfermería*, Madrid, San Pablo-Universidad Pontificia de Comillas, 2009.

FERRER, J.J., ÁLVAREZ, J.C., *Para fundamentar la bioética. Teorías y paradigmas teóricos en la bioética contemporánea*, Madrid, Universidad Pontificia Comillas, Desclée de Brouwer, 2003.

FERRER, J.J., LECAROS, J.A., MOLINS, R. (coords.), *Bioética. El pluralismo de la fundamentación*, Madrid, Universidad Pontificia Comillas, 2016.

FUNDACIÓ VÍCTOR GRÍFOLS I LUCAS, *Los fines de la medicina - Els fins de la medicina,* 2.ª ed., Barcelona, Fundació Víctor Grífols i Lucas, 2007.

GARCÍA-BARÓ, M., VILLAR, A. (coords.), *Pensar la compasión*, Madrid, Universidad Pontificia Comillas, 2008.

GILLÈS, D., *Tolstói*, Barcelona, Juventud, 1963.

GILLIGAN, C., «Reply to crítics», en Larrabee, M.J. (ed.), *An Ethic of Care. Feminist and Interdisciplinary Perspectives*, Londres, Routledge, 1993.

—, *In a different voice. Psychological theory and women's development*, 35.ª ed., Cambridge, Harvard University Press, 1998.

—, *La ética del cuidado*, Barcelona, Fundació Víctor Grífols i Lucas, 2013.

GOMÁ LANZÓN, J., *Imitación y experiencia*, Madrid, Taurus, 2014.

GÓMEZ FAJARDO, C.A., «Los vínculos entre medicina y literatura: Bernanos y Tolstói, dos ejemplos de semiología clínica», *Revista Medicina*, 31(4) (2009), pp. 260-265.

GONZÁLEZ MARTÍN, M., *De la hostilidad a la hospitalidad*, Barcelona, Cristianisme i justícia, 2015.

GRACIA, D., *Fundamentación y enseñanza de la bioética*, Bogotá, El Búho, 1998.

—, *Como arqueros al blanco. Estudios de bioética*, Madrid, Triacastela, 2004.

HAN, B.-C., *La expulsión de lo distinto*, Barcelona, Herder, 2017.

INNERARITY, D., *Ética de la hospitalidad*, Barcelona, Península, 2008.

INSTITUT D'ÉTUDES SLAVES, *Tolstoï philosophe et penseur religieux*, París, Institut d'Études Slaves, 1985.

—, *Tolstoï et la mort*, París, Institut d'Études Slaves, 1986.

—, *Les récits de conversion*, París, Institut d'Études Slaves, 1998.

—, *Tolstoï et la Russie*, París, Institut d'Études Eslaves, 2010.

JAHN, G.R. (ed.), *Tolstoy's. The Death of Ivan Il'Ich. A Critical Companion*, Evanston, Northwestern University Press, 1999.

JOVELL, A.J., *La confianza. En su ausencia, no somos nadie*, Barcelona, Plataforma, 2007.

KANT, I., *Fundamentación de la metafísica de las costumbres*, 15.ª ed., Madrid, Espasa Calpe, 2001.

KOHLBERG, L., *Essays on Moral Development. Vol. 1: The Philosophy of Moral Development,* San Francisco, Harper & Row, 1981.

LAGUNA, J., *Hacerse cargo, cargar y encargarse de la realidad. Hoja de ruta samaritana para otro mundo posible*, Barcelona, Cristianisme i justícia, 2011.

LÓPEZ DE LA VIEJA, M.T., *Bioética y literatura*, Madrid, Plaza y Valdés, 2013.

LUCAS V., «The Death of Ivan Ilyich and the concept of 'total pain'», *Clinical Medecine,* 12(6) (2012), pp. 601-602.

MACINTYRE, A., *Animales racionales y dependientes. Por qué los humanos necesitan las virtudes*, Barcelona, Paidós, 2001.

—, *Tras la virtud*, Barcelona, Crítica, 2001.

—, *Ética en los conflictos de la modernidad*, Madrid, Rialp, 2017.

MÈLICH, J.-C., *Ética de la compasión*, Barcelona, Herder, 2010.

—, *L'experiència de la pèrdua. Assaig de filosofia literària*, Barcelona, Arcàdia, 2017.

—, *La condició vulnerable. Assaig de filosofia literària 2*, Barcelona, Arcàdia, 2018.

—, «Narración y hospitalidad», *Anàlisi*, 25 (2000), pp. 139-142.

MORTARI, L., *Filosofia della cura*, Milán, Raffaello Cortina, 2015.

NABOKOV, V., *Curso de literatura rusa*, Barcelona, RBA, 2010.

NASCIMENTO ALMEDIA, L., *A representação da morte na obra de Tolstói*, São Paulo, Universidade de São Paulo. Facultade de Filosofia, Letras e Ciencias Humanas, 2011.

NODDINGS, N., *Caring, a feminine approach to ethics and moral education*, Berkeley, University of California Press, 1984.

NUSSBAUM, M., *La fragilidad del bien*, Madrid, Visor, 1995.

—, *El conocimiento del amor*, Madrid, A. Machado Libros, 2005.

OSSIP-LOURIÉ, M., *La philosophie de Tolstoï*, París, Félix Alcan, 1908.

PATIÑO GONZÁLEZ, S.M., *La responsividad ética*, Madrid, Plaza y Valdés, 2010.

PELLEGRINO, E.D., THOMASMA, D.C., *Las virtudes cristianas en la práctica médica*, Madrid, Universidad Pontificia Comillas, 2008.

PIRES NADALETI, N. *et al.*, «Contemporaneidade da morte de Iván Ilich para repensar o cuidado em enfermagem», *Revista de Enfermagem UFPE On line*, 11(12) (2017), pp. 5059-65.

RABE, A.M., «"La vida está fuera del tiempo". León Tolstói entre la práctica vital y la predicación moral», *Arbor: Ciencia, Pensamiento y Cultura*, 186(745) (2010), pp. 947-963.

REVAULT D'ALLONNES, M., *El hombre compasional*, Madrid, Buenos Aires, Amorrortu, 2009.

RIFKIN, J., *La civilización empática*, Madrid, Paidós, 2010.

RÍOS, A., *Lev Tolstói. Su vida y su obra*, Madrid, Rialp, 2015.

ROACH, M.S., *Caring, the human mode of being*, 2.ª ed., Ottawa, CHA Press, 2002.

ROLLAND, R., *Vida de Tolstói*, Barcelona, Acantilado, 2010.

RUSSO, M.T., «Bioética y literatura: una propuesta para una antropología del sufrimiento», *Persona y Bioética*, 10(2) (2006), pp. 121-131.

SARquavitae, *Ética para profesionales de la salud. Guía práctica*, Barcelona, SARquavitae, 2011.

—, *La virtud en el cuidar. Ética para profesionales de la salud*, Barcelona, SARquavitae, 2011.

SASIA, P.M. (ed.), *La perspectiva ética*, Madrid, Tecnos, 2018.

SIURANA, J.C., *Ética del humor. Fundamentos y aplicaciones de una nueva teoría ética*, Madrid, Plaza y Valdés, 2015.

STEINER, G., *Tolstói o Dostoievski*, 2.ª ed., Madrid, Siruela, 2002.

Suarès, A., *Tolstoï*, París, Union pour l'action morale, 1899.

Tolstói, L., *Diarios (1847-1894)*, Barcelona, Acantilado, 2002.

—, *Diarios (1895-1910)*, Barcelona, Acantilado, 2003.

—, *The Death of Ivan Ilyich and Master and Man*, Nueva York, Modern Library, 2004.

—, *El evangelio abreviado*, Oviedo, KRK, 2009.

—, *Confesión*, 4.ª ed., Barcelona, Acantilado, 2010.

—, *Amo y criado*, Barcelona, Alba, 2011.

—, *La muerte de Iván Ilich. Hadyi Murad*, 4.ª ed., Madrid, Alianza, 2011.

—, *¿Qué es el arte?*, Valladolid, Maxtor, 2012.

—, *El Reino de Dios está en vosotros*, 5.ª ed., Barcelona, Kairós, 2013.

—, *Relatos*, 3.ª ed., Barcelona, Alba, 2013.

—, *Sobre el poder y la vida buena*, 2.ª ed., Madrid, Catarata, 2018.

Torralba, F., *Antropología del cuidar*, Madrid, Fundación Mapfre Medicina; Barcelona, Institut Borja de Bioètica, 1998.

—, *Cent valors per viure. La persona i la seva acció en el món*, Lleida, Pagès Editors, 2001.

—, *Ética del cuidar. Fundamentos, contextos y problemas*, Madrid, Fundación Mapfre Medicina; Barcelona, Institut Borja de Bioètica, 2002.

—, *La paciència*. Lleida, Pagès Editors, 2007.

—, *L'alegria*, Lleida, Pagès Editors, 2008.

—, *La compassió*, Lleida, Pagès Editors, 2008.

—, *La serenitat*, Lleida, Pagès Editors, 2008.

—, *La confiança,* Lleida, Pagès Editors, 2009.

—, *El compromís*, Lleida, Pagès Editors, 2012.

Tronto, J.C., *Moral boundaires. A political argument for an ethic of care*, Nueva York, Routledge, 1993.

Troyat, H., *Tolstoï (1)*, Barcelona, Bruguera, 1984.

—, *Tolstoï (2),* Barcelona, Bruguera, 1984.

—, *Tolstoï (3),* Barcelona, Bruguera, 1984.

Tschudin, V., *Ethics in Nursing. The caring relationship*, 3.ª ed., Oxford, Butterworth-Heineman, 2003.

Wiesenthal, M., *El viejo León. Tolstói, un retrato literario*, Barcelona, Edhasa, 2010.

Zachary Newton, A., *Narrative ethics,* Cambridge, Harvard University Press, 1995.

Zaoui, P., *La discreción o el arte de desaparecer*, Barcelona, Arpa, 2017.

Zweig, S., *Tres poetas de sus vidas. Casanova, Stendhal, Tolstói*, Barcelona, Austral, 2013.

—, *La revolución interior. Lev Tolstói,* Madrid, Errata Naturae, 2018.